Referent: Geh. Ober-Reg.-Rat Prof. Dr. W. Lexis.
Tag der mündlichen Prüfung: 26. Februar 1913.

Additional material to this book can be downloaded from http://extras.springer.com

ISBN 978-3-662-24047-2 ISBN 978-3-662-26159-0 (eBook)
DOI 10.1007/978-3-662-26159-0

Seinem lieben väterlichen Freunde

Geheimrat Prof. Dr. O. Wallach

in herzlichster Dankbarkeit gewidmet.

I. Teil:

Die statistischen Eisenbahngruppen.

§ 1.

Einleitung.

In der politischen Geschichte der Vereinigten Staaten hat während der letzten zwanzig Jahre keine Frage dauernd ein solche Bedeutung besessen, wie die Untersuchung und Aufklärung der Finanz- und Tarifpolitik der Eisenbahngesellschaften. Oft wurde sie in den Hintergrund gedrängt von Lösung erheischenden Tagesfragen, wie der Währungsfrage, dem Schutzzoll, dem Imperialismus und den Kanalfragen, aber sobald diese entschieden waren, trat die Gesamtheit der Eisenbahnprobleme wieder in den Vordergrund. Es handelt sich dabei wesentlich um 4 Gruppen von Einzelfragen:

I. Kontrolle, Beschränkung oder völlige Freigabe des Kapitalausgaberechtes der Eisenbahnen.

II. Gestaltung und Anwendung der Frachttarife.

III. Die Anforderungen an die technische Ausrüstung und Betriebssicherheit der Bahnen.

IV. Die öffentlichen Forderungen in bezug auf Ausbau der jetzigen Systeme.

Um diese Fragen einigermaßen zu regeln, haben der Bund und die Einzelstaaten wiederholt Versuche gemacht, durch gesetzliche Vorschriften der zu Tage getretenen wirtschaftlichen Rücksichtslosigkeit die nötigen Schranken zu ziehen. Diese Versuche sind jetzt durchweg als gescheitert zu betrachten, denn entweder mußten die unvernünftigen Vorschriften de jure oder de facto aufgehoben werden, um im letzten

Falle nur als Paradeinstrument im Wahlfeldzuge verwendet zu werden, oder, wenn die Vorschriften wirtschaftlich gesund waren, wurde ihre allgemeine Anwendbarkeit durch die formal-juristischen Schwierigkeiten auf einige wenige Fälle beschränkt. Daß man nach der Arbeit von zwei Jahrzehnten diesem negativen Ergebnisse gegenüber steht, ist vom Standpunkte der ehrlichen gesinnungstreuen Beamten, deren größte Anstrengungen vergeblich waren, zu bedauern, aber man darf es sich nicht verhehlen, daß es die notwendige Folge eines unsinnigen Beginnens sein mußte. Wie konnte man doch hoffen, durch planlos einsetzende rechtliche Eingriffe die Krankheiten eines Wirtschaftsorganes zu heilen, dessen Anatomie und Lebensfunktionen man fast gar nicht kannte. Bei diesem verwaltungsrechtlichen Vorgehen hielt man sich einfach an alles, was sich Railway- oder Railroad-Company nannte, ohne die Gegenstände der Gesetzgebung, die sich darunter zusammenfanden, auf ihre wirtschaftliche Entstehungsgeschichte, Eigenart oder Bedeutung näher zu prüfen. Dieses mangelnde Unterscheidungsvermögen hat dazu geführt, eine kleine Vizinalbahn von wenigen Kilometern, wenn sie die Grenze zweier Staaten überschreiten sollte, als Interstatecarrier zu behandeln, gerade wie die Southern Pacific, die ein Netz betreibt, das annähernd halb so groß ist wie die preußische Staatsbahn.

Aber trotz der zu Tage getretenen Mißerfolge bricht sich die Erkenntnis nur schwer Bahn, daß letzten Endes alle erfindlichen amtlichen Eingriffe des Bundes und der Einzelstaaten nur das Ziel haben sollten, gewisse öffentlichrechtliche oder wirtschaftliche Grundsätze zur einheitlichen Durchführung zu bringen, anstatt als antikapitalistische Waffen zu dienen. Dieser neue Geist, der nicht beseelt ist von bloßer Zerstörungswut, sondern bestrebt ist, den großen Unternehmen statt der alten bedenklichen eine gesunde neue Form zu geben, stößt außer auf öffentliche Vorurteile, auf eine große technische Schwierigkeit, nämlich den Mangel an kapitalstatistischen Untersuchungen der hauptsächlichsten Unternehmungsarten. Es ist ja wohl überhaupt unmöglich, einem Unternehmen die Schranken seiner Handlungen zu ziehen, wenn man nicht vorher auf möglichst sachlich genauer Rechnungsgrundlage die Entstehungsbedingungen eines wirtschaftlich gesunden Durchschnittsreinertrages hat feststellen können. Wollte man vom grünen Tische aus nacheinander alle möglichen Einschränkungsbestimmungen durchprobieren, wie es die Trustbursters am liebsten täten, so würde das für das Gedeihen der großen Unternehmen verhängnisvoll sein, da man ihre wirtschaftlichen Lebensbedingungen nicht dem blinden Zufall überlassen kann. Statt der dunklen Zufallsmächte sollen auf Tatsachen begründete Voraussetzungen, deren Richtigkeit sich nachprüfen läßt, bei der Feststellung der Grundsätze mitwirken. Diese Voraussetzungen stellen sich mit vorzüglicher Schärfe heraus bei der statistischen Untersuchung der gegenseitigen Wechselwirkung von Kapital und Reinertrag während eines größeren Zeitabschnitts. Die vorliegende Arbeit sucht aus dem vorhandenen amtlichen und privaten Tatsachenmaterial die Art der Wechselwirkung von Kapitalisierung und Reinertrag bei dem gesamten Eisenbahnnetz der Union, dann insbesondere in den zehn großen Verkehrsgebieten und bei vier Gesellschaften festzustellen, um daraus dann, wenn möglich, die zulässige Höchstgrenze der Durchschnittskapitalisierung der Verkehrsgebiete und Unternehmen zu folgern, als Grundlage zur gesetzgeberischen Behandlung der obigen Fragen.

§ 2.

Urmaterial der Untersuchung.

1. Gewinnungsmethode.

Alle ziffernmäßigen Angaben in den Tabellen des ersten Teils der Arbeit sind entweder direkt dem Abdruck der amtlichen Statistik der Interstate Commerce Commission im Archiv für Eisenbahnwesen entnommen (Jahrgang 1893—1911 des Archivs), oder sind nach stets gleichbleibenden Rechnungsoperationen aus solchen Urzahlen gewonnen.[1]) In diesem Abschnitt soll nur von der Gewinnungsmethode jener Urzahlen durch die genannte Bundesbehörde die Rede sein.

Durch die Interstate Commerce Act von 1887 erhielt das durch dasselbe Gesetz geschaffene Amt für den zwischenstaatlichen Verkehr (diesen Namen werden wir in Zukunft durch die Bezeichnung „Bundesamt" ersetzen) die Befugnis, jährliche und monatliche Berichte von den Eisenbahnen, die am zwischenstaatlichen Verkehr beteiligt waren, über die Geschäftstätigkeit, die Betriebsrechnung, die Betriebsleitung, die Sicherheit und manches andere einzufordern. Ein statistisches Bureau hat nach Inkrafttreten des Gesetzes unter Mitwirkung des Amtes und der beteiligten Eisenbahndirektoren die nötigen Vorlagen zur Erzielung eines einheitlichen gleichwertigen Materials entworfen. Aber erst im Jahre 1892 bei dem Erscheinen des Berichtes für die Zeit vom 1. Juli 1889 bis zum 30. Juni 1890 konnten Fachmänner die Einheitlichkeit und Brauchbarkeit des Materials anerkennen. Kein Geringerer als der bedeutendste lebende Kenner amerikanischer Eisenbahnverhältnisse v. d. Leyen sprach sich 1893 im Archiv für Eisenbahnwesen in diesem Sinne aus, indem er gelegentlich einer Besprechung der Jahresberichte des Bundesamtes den

---

[1]) Für die Gesellschaften siehe Einleitung des zweiten Teiles der Arbeit.

hervorstechenden Fortschritt jedes Berichtes gegenüber seinem Vorgänger hervorhob. Aus diesem Grunde mußte die Zeit vor 1890 wegen der Beschaffenheit und der Art der Gewinnung des Materials ausgeschaltet werden. Von 1890 an sind die jährlichen Berichte annähernd gleicher Güte, denn sie werden auf Grund von einheitlichen Vorlagen, nach denen sich alle Eisenbahngesellschaften zu richten haben, für die zehn großen Verkehrsgebiete zusammengestellt. Jene großen Verkehrsgebiete sind nach den großen geographischen Gliederungen des Landes, wie sie die anliegende Tafel veranschaulicht, abgeteilt, die ihrerseits wieder den vorherrschenden Wirtschaftscharakter der ersten bestimmen. Es werden nun die Berichte aller Art, die auf Grund jenes Gesetzes von den Bahnen geliefert werden, in einem dem Bundesamte unterstehenden Bureau (Bureau of Statistics) bearbeitet und nach diesem geographischen Gesichtspunkte gesondert. Alle Vorlagen für jene statistischen Eingaben sind einheitlich für alle Bahnen dieselben im selben Berichtsjahre. Seit 1890 erfolgten zwei Änderungen der Vorlagen, die auf Zahlen, die bei dieser Arbeit Verwendung finden, Einfluß ausüben. Ob diese Änderungen von grundlegender Bedeutung sind, wird im vierten Abschnitt erörtert werden. In elf Tabellen haben wir die grundlegenden Zahlen dieser Arbeit zusammengestellt, deren Bedeutung angegeben wird.

Jede Zahl A bedeutet für das betreffende Beobachtungsgebiet die am 30. Juni des Jahres betriebene Meilenzahl. Sie wird gewonnen durch Addition aller betriebsfähigen Strecken einer Gruppe am Ende eines Betriebsjahres (30. Juni), die tatsächlich betrieben worden sind. Diese Einschränkung ist von Bedeutung, denn in vielen, vor allen Dingen in weniger dicht besiedelten Landesteilen, befinden sich verlassene Strecken, die vollständig gebaut sind und nachdem sie einst betrieben wurden, jetzt einfach unbenutzt daliegen, da sie entweder durch den vollständigen Untergang der Gesellschaft oder durch den Bau einer einträglicheren Strecke wertlos wurden. Kleinere Rückgänge bei A sind auf diese Ursache zurückzuführen; besonders wird A von den im Jahre 1907 eingetretenen Änderungen betroffen.

Die Zahl B gibt an, wie groß der Reinertrag der Meile in Dollars war für das betreffende Beobachtungsgebiet während des am 30. Juni abgeschlossenen Geschäftsjahres. Sie ist nicht direkt zu erhalten, sondern man muß die Betriebseinnahmen um die Betriebsausgaben vermindern. Diese Zahlen sind stets nach denselben Grundsätzen gewonnen worden.

Die Zahl C gibt die Kapitalisierung des Netzes des Beobachtungsgebietes für die Meile am 30. Juni an. Unter Kapital ist zu verstehen die Summe des Nennbetrages aller wertpapierartigen Verbindlichkeiten.

CANADA
ATLANTISCHER OCEAN
GOLF VON MEXICO
MEXICO
STILLER OCEAN
GOLF VON CALIFORNIEN
SÜDLICHES CALIFORNIEN
MAINE
N.H.
VERMONT
NEW YORK
PENNS.
N.J.
MD.
VIRGINIA
WEST VIRGINIA
N. CAROLINA
S. CAROLINA
GEORGIA
FLORIDA
OHIO
INDIANA
ILLINOIS
KENTUCKY
TENNESSEE
ALABAMA
MISSISSIPPI
LOUISIANA
ARKANSAS
MISSOURI
IOWA
WISCONSIN
MINNESOTA
NORD DAKOTA
SÜD DAKOTA
NEBRASKA
KANSAS
OKLAHOMA
IND. TER.
TEXAS
COLORADO
NEW MEXICO
WYOMING
MONTANA
UTAH
ARIZONA
NEVADA
IDAHO
WASHINGTON
OREGON
CALIFORNIEN
Mississippi
Missouri
Colorado
I
II
III
IV
V
VI
VII
VIII
IX
X

Bis 1907 konnte sie direkt den amtlichen Aufstellungen entnommen werden. Von 1890 bis 1896 enthielt diese Spalte auch die Verrechnung für die Meile der schwebenden Schuld, diese wurde aber im Jahre 1896 von der Aufstellung ausgeschlossen. Die wesentlichen Rückgänge, die in dieser Reihe zu beobachten sind, haben zwei Gründe, erstens die Herabsetzung der Kapitalisierung einiger Bahnen nach der Reorganisation in den neunziger Jahren und zweitens die Umwandlung von Bonds in eine höher verzinsliche Aktiengattung von im ganzen niedrigerem Nennwert. Von 1907 an ist die Zahl C nicht mehr im Berichte angegeben, sondern mußte durch Division des Anlagekapitals durch die dem Bundesamte unterstehende Meilenzahl der Gruppe gewonnen werden.

Die Zahl d ist der Ausdruck von B in % von C, also abgeleitet und nicht im Bericht vorhanden.

In den Tabellen finden sich ferner noch b-, c-, v- und x-Werte, deren Bedeutung im folgenden vorweg bemerkt sei.

Der b-Wert eines Jahres ist das Ergebnis der Division des B-Wertes von 1890 in den B-Wert des Beobachtungsjahres, also $b_{1900} = \frac{B_{1900}}{B_{1890}}$.

Der c-Wert eines Jahres ist das Ergebnis der Division des C-Wertes von 1890 in den C-Wert des Beobachtungsjahres. $c_{1902} = \frac{C_{1902}}{C_{1890}}$.

Die Spalte v enthält stets die Summe der b-Werte der drei vorhergegangenen Jahre $v_{1902} = (b_{1899} + b_{1900} + b_{1901})$.

Die x-Werte sind das Ergebnis dieser Untersuchung, nämlich die in jedem Jahre zulässige Maximalkapitalisierung einer Meile des Beobachtungsgebietes, ausgedrückt im Vielfachen des C-Wertes von 1890.

2. Zuverlässigkeit.

Die vorstehend beschriebenen Urzahlen, das sind A, B und C, können aus drei Gründen eine unrichtige Bekundung über tatsächliche Wirtschaftszustände einer Zeitperiode (Geschäftsjahr) geben, nämlich infolge von Fehlern, Unvollständigkeiten oder bewußten Fälschungen. Zufällige Fehler und unbeabsichtigte Unvollständigkeiten dürften bei der vorzüglichen Einübung des Personals der amtlichen Statistik und der allen Anforderungen entsprechenden Einrichtung der Bureaus der Gesellschaften nur ausnahmsweise vorkommen und jedenfalls nicht merklich ins Gewicht fallen. Der Vorbehalt wegen Fälschung der Betriebsergebnisse und Abschlußzahlen mag manchen erstaunen, aber der Kenner amerikanischer Unternehmungsformen aller Art wird zugeben müssen, daß die

Täuschung der Öffentlichkeit und der Behörden in Amerika früher als etwas durchaus Berechtigtes geduldet wurde und erst in neuester Zeit infolge der antikapitalistischen Stimmung der breiten mittleren Bevölkerungsschichten verurteilt wird. In jenen Zeiten vor der Gesetzgebung von 1887 waren die Eisenbahnen das beliebteste Feld der berüchtigsten Buchungsgenies, die geradezu Glanzleistungen an Irreführungen der Öffentlichkeit vollbracht haben, und es kann daher nicht nachdrücklich genug vor der Verwendung von freiwilligen Angaben der großen und kleinen Gesellschaften gewarnt werden, die vor dem Erscheinen der Bundesberichte erschienen sind. Aber sogar nach siebenjähriger Tätigkeit des Amtes müssen wir wohl den schwerwiegendsten Fall der Fälschung von Geschäftsberichten verzeichnen, nämlich die sehr bedenklichen Schiebungen in den Gewinn- und Verlustrechnungen der Atchison Topekabahn. Es wurden in dem Falle Millionen einfach falsch gebucht, um dadurch eine nicht verdiente, sondern errechnete Dividende verteilen zu können. Die klassische Untersuchung dieses sehr verworrenen Falles durch den berühmten Bücherrevisor Mr. S. Little hat wesentlich dazu beigetragen, die Erkenntnis der volkswirtschaftlichen Bedeutung einer soliden und sorgfältigen Buchführung zu verallgemeinern.

Bei den Eisenbahnen ist seitdem ein solch auffallender Fall nicht mehr vorgekommen, vielmehr ist wohl eher anzunehmen, daß systematisch auf ein Herabdrücken aller Zahlen hingearbeitet wird, die geeignet sind, außerordentlichen Wohlstand zu bekunden. Denn eine auffallende Steigerung des Reinertrages gilt fast stets als eine Aufforderung an die maßgebenden Stellen, amtliche oder gerichtliche Untersuchungen gegen die betreffenden Unternehmen einzuleiten. Im Eisenbahnaufsichtsgesetz (1887, mit den Verschärfungen von 1906 und 1910) ist ausdrücklich vorgesehen, daß das Bundesamt aus eigener Machtbefugnis ohne vorherige Beschwerde der Interessenten jeden Tarif auf seine Billigkeit hin prüfen darf. (The Commission on its own motion may institute an enquiry as to the reasonableness of certain rates.) Um keine Veranlassung zu diesem beunruhigenden Vorgehen zu geben, haben nun die Gesellschaften in den guten Jahren 1898—1905 eine Praxis ausgebildet, jene hohen Erträge nicht zu verteilen, sondern durch eigentümliche Buchungsschliche zu verschleiern. Die Summen, um die es sich hier handelt, dürften aber bescheidene Beträge (etwa 50 Millionen Dollar für die Union jährlich bei einem Gesamtreingewinn von annähernd 820 Millionen Dollar im Jahre 1909) für die einzelnen großen Unternehmen (denn nur sie sind in der Lage, solche Summen auszuscheiden) nicht überschritten haben, da die anderen Zahlen (gefahrene Tonnenmeile, volle Güterwagen bei bekanntem Wagentarif) eine große Steigerung der Einnahmen ausdrücken müssen. Die einzelnen Ausgabetitel lassen sich nun aber leicht auf etwaige künstliche Steigerungen prüfen an der Hand der Angaben schwacher Gesellschaften, die nun ihrerseits gerade zum Gegenteil neigen, nämlich ihre Lage etwas rosiger darzustellen, als sie in Wirklichkeit ist. Legt das Bundesamt diese geringen meilenmäßigen Betriebsausgaben unter Berücksichtigung gleicher Anlage- und Betriebsverhältnisse zugrunde, so läßt sich leicht eine übernormale Ausgabe feststellen. Dieses Verfahren soll es mit großem Erfolge in den ersten Jahren dieses Jahrhunderts angewandt haben und es soll zu den Verschärfungen des Jahres 1906 geführt haben, die dazu dienten, eine genauere Buchführung in bezug auf Gewinn- und Verlustrechnung durchzuführen. Vor allen Dingen sollte verhindert werden, daß ein großer Teil des Reinertrages unter dem Ausgabetitel Streckenunterhaltung und -Verbesserung einfach für den Bau neuer Strecken dienen sollte. Obwohl nun auch hier gesetzlich eingeschritten ist, möchte man bei der großen Findigkeit der Finanztechniker der Eisenbahnen gewiß mit Recht bezweifeln, ob Hochkonjunkturen nicht Anlaß zu ähnlichen Schiebungen geben würden.

Man wird gegen diesen Angriff auf die amtlichen Zahlen anführen, daß sich starke und schwache Gesellschaften bei der Zurechtstutzung ihrer Bilanzen gewissermaßen ausgleichend in die Hand arbeiten würden. Dem ist aber doch nicht so, denn man darf nicht vergessen, daß die Starken auch gleichzeitig die großen Gesellschaften und die größten Bestandteile der Gruppen sind. Sie geben den westlichen Gruppen das Gepräge und nicht die dort etwa in bezug auf Länge und Zahl nur schwach vertretenen kleineren Gesellschaften. Um zu einer wirklichen Richtigstellung zu gelangen, müßte man etwa folgendermaßen vorgehen: In den Gruppen östlich des Mississipi und der Seen sind unter den großen Gesellschaften keine so außerordentlich wohlhabende, daß Gelegenheit und Veranlassung zu größeren Schiebungen gegeben ist. Wenn man diesen Bahnen $^1/_5$ der gesamten Fehlbuchung zuschiebt, so darf angenommen werden, daß sich diese Summe gegen entgegengesetzte Schiebungen schwacher Linien ausgleicht. Die übrigen $^4/_5$ können unbedenklich den reichen westlichen Bahnen (Union Pacific, Northern Pacific, Chicago North Western, Chicago Milwaukee, Great Northern, Southern Pacific und Atchison) zugeschoben werden, unter Abzug von $^1/_8$ ihres Teiles als Ausgleich gegen Bilanzstutzungen kleiner Bahnen. Geht man nun daran, diesen Teil auf die Gruppen zu verrechnen, so empfiehlt es sich, eine große Gruppe des Westens zu bilden unter Ausschaltung der notleidenden Gruppe IX, die von jeher das Schmerzenskind unserer Bahnen war. Es wären also Gruppen 6, 7, 8 und 10 zu vereinigen, was Anlagekapital, Reinertrag und Länge betrifft. (1909.)

	Anlagekapital in 1 000 000 $	Reinertrag in 1 000 000 $	Länge des Netzes in Meilen
Gruppe 6 . . .	2 992,9	151,7	51 602
„ 7 . . .	834,5	59,9	12 418
„ 8 . . .	2 180,7	76,8	33 284
„ 10 . . .	1 947,1	91,5	21 188
	7 955,2	379,9	118 482.

Rentabilität von 7 955,2 Mill. Doll. nach der Statistik = 4,77 %

„ „ 7 955,2 „ „ „ „ Korrektur = 5,21 „

Differenz . . . . = 0,44 %

„ in Prozent von 4,77 = 9,00 „ .

Bei der Berechnung wurden einmal 379,9 Millionen Doll. als Reinertrag verwendet, bei der Korrektur aber wurden diesem Werte 35 000 000 Dollar zugezählt.

Wir sehen aus dieser hypothetischen Rechnung, daß bei unseren Annahmen etwa 9 % des wahren Reinertrages nicht in die Erscheinung tritt. Es fragt sich nun, ob man bei Verwendung der Reinertragszahlen jener Gruppen eine Korrektur vornehmen müßte, oder ob man diese künstliche Herabsetzung der Höchstwerte in Kauf nehmen soll. Die Notwendigkeit einer Korrektur wäre unbedingt zu bejahen, wenn es sich um das Vortäuschen nicht vorhandenen Wohlstandes oder höherer Ertragsfähigkeit handeln würde. Wo es sich aber um eine gewisse stille Reserve handelt, die in weniger günstigen Jahren geeignet ist, als freier Spielraum für den zurückgehenden Ertrag zu dienen, innerhalb dessen Konjunkturen-Schwankungen nicht gleich den für Zinsen und Dividenden notwendigen Einnahmestamm angreifen, kann man wohl die Korrektur unterlassen. Stets muß man sich aber bei der Verwendung der Zahlen der Gruppen 6, 7, 8 und 10 vorhalten, daß diese Verhältnisse um 8—10 % unternormal sind in guten Jahren, und vielleicht 2—4 % in schlechten Jahren, denn manche Arbeiten lassen sich, wenn sie einmal angefangen sind, nicht ohne weiteres einstellen und können dann auch nicht mit einem Male durch neue Kapitalausgaben bestritten werden. Denn die zurückgehenden Erträgnisse der Bahn sind nicht geeignet, Kapital anzuziehen, also kann der Betriebskoefficient nicht vollständig zurückgehen.

Zur Kontrolle über die graphische Bedeutung dieser Unternormalität der Gruppenzahlen kann ein Vergleich der Reinertragsbewegung für eine Meile des Gesamtnetzes der Union gute Dienste leisten, weil sich alsdann die zu hohen Zahlen der Gruppentbetriebsausgaben für 6, 7, 8 und 10 mit auf die übrigen 6 Gruppen verteilen. Aus einem Vergleich der Reinertragskurven von 6, 7, 8 und 10 mit der Reinertragskurve des Durchschnitts für die Union läßt sich folgern, daß die niedrigen Zahlen den Grundcharakter jener Gruppenkurven nicht beeinflußt haben. Zusammenfassend kann man den Grundsatz anerkennen, daß die Zahlen unbedingte Richtigkeit als Mindestzahlen beanspruchen dürfen und daß Folgerungen, die auf diesen amtlichen Zahlen für alle Gruppen aufgebaut sind, eher zu vorsichtig, als zu gewagt genannt werden dürfen.

3. Veränderlichkeit

Nachdem die vorsätzliche oder fahrlässige Veränderung der Bestandteile der Gruppenzahlen betrachtet worden ist, ist es ferner notwendig die beiden wesentlichen Einschränkungen des Umfanges zweier Urzahlen zu würdigen, die die Grundlage dieser Untersuchung sind. Im Jahre 1896, also noch in den Nachwehen der großen Krisis von 1893—94, verfügte das Bundesamt den Ausschluß aller schwebenden Schulden aus der Angabe des Anlagekapitals in Summa und auf die Meile. Bevor wir die ziffernmäßige Bedeutung jener Maßnahmen eingehender würdigen, verlohnt es sich, etwas näher auf Entstehung und Art jener Schulden einzugehen. Schwebende Schulden oder floating debts sind entweder Anleihen zu Tagesbedingungen bei der Bankverbindung der betreffenden Bahn oder kurzfristige Anleihen am Geldmarkt gegen Schuldanerkennung (nicht Schuldverschreibung) so genannte promissory or short-time notes. Sie werden sehr hoch verzinst (6—7 %) und tragen den Charakter eines Notmittels, es ist die eigentümliche Form des Notstandskredits eines Unternehmens. Wie Dagget[1]) in seinem Werke über die Sanierung amerikanischer Eisenbahnen schlagend nachweist, waren diese Notes stets das letzte Mittel einer Bahn, um eine bedenkliche Wirtschaftslage zu überwinden. Dieser Notstandskredit diente dazu, die nicht verdienten Zinsen der Bonds zu bezahlen oder um die allernötigsten Unterhaltungsarbeiten auszuführen, die aus laufenden Mitteln nicht gedeckt werden konnten. Sobald daher die Erträge wieder stiegen, wurde zuerst diese Schuld beseitigt, die ja so hoch verzinst werden mußte; gelang es der Gesellschaft nicht, die schlechten Zeiten zu überdauern und wurde sie zur Zahlungseinstellung genötigt, so sind bei den Sanierungen in den Jahren 1895—97 diese Schulden fast immer durch eine Zuzahlung (assessment of common shares) der Aktionäre zurückgezahlt worden.

Um es gleich hervorzuheben, es kann daher wohl als ausgeschlossen gelten, daß diese Beträge etwa als fundiertes Kapital gewissermaßen sofort

---

[1]) Railroad Reorganisation und zwar in den Kapiteln über die Erie, Reading und Southern Bahnen.

wieder in die Kapitalisierung Eingang gefunden haben. Da sie in nennenswerten Beträgen nur in kritischen Zeiten entstehen, kann man sicher sein, daß sie in den Zahlen des Vergleichsjahres 1890, eines normalen Jahres, nur einen ganz geringfügigen Teil des Anlagekapitals darstellten; man schätzt sie in normalen Jahren auf etwa 200 Millionen Dollars (etwa 2 % des Nennwertes des Anlagekapitals). Die im Jahre 1896 vom Bundesamt ausgeschlossene Summe aber betrug 627½ Million Dollar. Diese Summe ergibt sich aus folgender Berechnung: Im Jahre 1896 betrug die Meilenkapitalisierung ohne Verrechnung der schwebenden Schulden 59 610 $, dagegen bei Einschluß jener Schulden 63 058 $, daraus folgt eine schwebende Schuld von 3448 $ auf die Meile, es betrug aber die dem Aufsichtsamte unterstehende Meilenzahl, die allen Berechnungen für 1896 zugrunde lag, 181 981 Meilen, durch Multiplikation dieser Meilenzahl mit 3448 erhalten wir eine Gesamtsumme von 627 470 488 $ schwebender Schuld. Diese Summe kann mit Recht den Krisenjahren zur Last gelegt werden, denn es betrug die Kapitalisierung 1890 60 340 $ und 1896 nach Ausschluß der schwebenden Schulden wiederum 59 610 $. Wenn man aber die Zahl für 1890 zugrunde legt, so ist diese Veränderung des Inhaltes der Kapitalisierungszahl von ganz geringfügigem Einfluß auf den Verlauf der Kurven. Wie gering dieser Einfluß gewesen ist, geht ferner aus folgender Betrachtung hervor: Dividiert man den Meilenreinertrag für die ganze Union durch Kapitalisierung und schwebende Schuld für die Meile, so ergibt sich eine Rentabilität von 3,25 %, wiederholt man dann die Division mit dem wahren Anlagekapital, so erhält man 3,44 %, Differenz also 0,19 %. Um die Größe dieser Abweichung schätzen zu können, ist der Durchschnitt der absoluten Schwankungen der Rentabilität der Durchschnittsmeile während der normalen Jahre 1898—1903 berechnet worden, ihre Summe war 1,16 %, dividiert durch 5 erhält man eine Durchschnittsschwankung von 0,23 %, also noch um 0,04 % größer als die, die durch die Änderung der Vorschrift entstanden ist. Bei der Mehrzahl der Reihen der d-Zahlen wurde die natürliche Aufwärtsbewegung nicht gestört. In einigen Fällen jedoch entstand eine eigentümliche Umkehrung der Steigungstendenz der Reihe.

Verbindet man nun in diesen Fällen die Punkte 95 und 97, falls man die Reihe aufzeichnet, so ist das eine natürliche Korrektur des künstlichen Aufschwungs der Rentabilität durch diese Kapitalsverminderung und gleichzeitig eine annähernd richtige Wiedergabe der Wirtschaftszustände nach der Krisis. Nachdem man nämlich 1896 einen deutlichen Aufschwung bemerkt hatte, mußten die aufgeschobenen Unterhaltungsarbeiten aus laufenden Mitteln bestritten werden. Der aufsteigende Betriebskoefficient fing also einen Teil der steigenden Roheinnahmen ab. Dies gilt für die Gruppen 1, 3, 5, 6. In den d-Reihen von 1 und 5 ist der Umschwung nur von geringer Bedeutung, dagegen bei 3 und 6 ziemlich stark, weil die Kapitalverminderung in ihrer Wirkung durch Ausnahmeerträge unterstützt wurde, wie aus folgender Übersicht hervorgeht:

Jahr	Gruppe I		Gruppe III		Gruppe V		Gruppe VI	
	B	d	B	d	B	d	B	d
1895	3348	5,50 %	2087	3,04 %	1304	2,85 %	1816	3,70 %
1896	3410	5,81 „	2166	3,50 „	1297	3,02 „	2189	4,68 „
1897	3413	5,65 „	1956	3,09 „	1291	2,96 „	1941	4,06 „
1898	3439	5,73 „	2145	3,38 „	1533	3,51 „	2233	4,69 „

Die zweite Änderung des Fassungsbegriffes einer Zahl wurde mit dem Bericht für 1908 durchgeführt, nämlich der Ausschluß der Meilenzahl und Kapitalisierung der Switching Companies, das sind Unternehmen, die in großen Städten und industriellen Zentren Rangierbahnhöfe und Anschlußgleise von Fabriken zur Hauptlinie besitzen und betreiben. Sie sind fast immer Tochterunternehmen der Eisenbahngesellschaft oder großer örtlicher Werke, daher möglichst niedrig kapitalisiert. Diese Maßnahme hat nur die Gruppen 1, 2, 3 und 6 beeinflußt und zwar alle vier in bezug auf die Ziffer A und außerdem Gruppe 3 und 6 in bezug auf die Ziffer C der Tabellen. Unter Beeinflussung ist hier die Umkehrung der Tendenz, d. h. Steigen oder Fallen der A-Werte zu verstehen. Es beträgt nun der Rückgang von A Gruppe I = 0,15 %, Gruppe II = 1,4 %, Gruppe III = 0,45 %, Gruppe VI = 0,3 %, der Rückgang von C bei Gruppe III = 0,9 %, Gruppe VI = 1,95 %. Es würde nun noch von Bedeutung sein, den Einfluß dieser Maßnahme auf B näher zu betrachten, da dieser Zahl ja Bestandteile entzogen wurden. Dieser Einfluß ist sehr gering, da die Ergebnisse für jene Gesellschaften nur recht geringe waren und im allgemeinen nicht wesentlich über den Selbstkostenpreis der gebotenen Leistung hinausgingen, also von einem bedeutenden Reinertrag nicht die Rede sein konnte. Da aber die Maßnahme des Bundesamtes außerdem noch mit dem Tiefpunkte des Jahres 1908, welcher als Folge der Krisis vom Herbst 1907 entstand, zeitlich zusammenfiel, so ist von einer Beeinflussung der Kurventendenz nichts zu bemerken. Jedenfalls steht die wahrscheinliche Vertiefung des Tiefpunktes, also die Verschärfung des Abfalls der b- und d-Werte von 1907 zu 1908, die durch den Ausschluß veranlaßt wurde, in keinem Verhältnis zu dem natürlichen Abfall infolge der wirtschaftlichen Zustände. Außerdem ist die Wirkung gemildert durch den gleichzeitigen Ausschluß des Anlagekapitals jener Rangiergesellschaften aus Ziffer C. Hierdurch ist die Richtigkeit des Verlaufes der d-Werte wohl ausreichend gewährleistet. Diese beiden Veränderungen des Fassungsbegriffes wären vom Standpunkte einer mathematischen Genauigkeit der Kurvenbilder allerdings schwerwiegende Fehlerquellen, da es sich aber bei wirtschaftsstatistischen Untersuchungen um die bildliche Darstellung von Schwankungen in der Tendenz gewisser Wirtschaftsfaktoren handelt, deren Ursache und zahlenmäßiger Ausdruck und nicht deren mathematisch formelle Gestaltung man zu ergründen sucht, so dürfen hier gewisse Nebeneinflüsse, die aber nicht geeignet sind, das Gesamtbild wesentlich zu verändern, als notwendiges Übel geduldet werden.

4. Vergleichbarkeit.

Bei der amerikanischen Verkehrsstatistik, die von einem Ausschnitt des Wirtschaftslebens handelt, das in so schnellem Fortschreiten begriffen ist, darf man unbesorgt annehmen, daß in wenigen Jahren die Gesamttendenz die Unregelmäßigkeiten, die von jenen Nebeneinflüssen herrühren, ausgeglichen und überwunden hat, deswegen ist es aber auch ein Haupterfordernis, den Vergleich über eine möglichst große Anzahl von Jahren auszudehnen. Je kürzer die Vergleichszeit, desto unvergleichbarer vom logischen Standpunkte aus sind die einzelnen Abschnitte, weil alsdann die zufälligen Einwirkungen auf die Beobachtungsgegenstände die Zusammenfassung zu einer Kurve in dem Lichte eines Zerrbildes, statt in dem einer sachlichen Darstellung der Verhältnisse erscheinen lassen. Legt man nun den Vergleichen die Verhältnisse eines Normaljahres als Einheit zugrunde, und führt die Vergleiche für einen längeren Zeitraum, mindestens 10 Jahre, durch, so kann eine annähernd genügende Vergleichbarkeit der Jahrgänge für dieselbe Gruppe angenommen werden. Bei der Vergleichung von Gruppe und Gruppe ist wiederum auf die geographische Gestaltung und die wirtschaftlichen Zustände Rücksicht zu nehmen. Man kann zwar Kapitalisierung von Gruppe II und VII vergleichen, darf aber nicht vergessen, daß die Anlage einer vier- oder zweigleisigen Vorortstrecke durch die Newyorker Vorstädte zu der Anlage einer eingleisigen Strecke durch die Prärie im selben Verhältnis steht wie der Bau eines Wolkenkratzers zu dem eines Holzblockhauses. An die Stelle der Vergleichung der logisch unvergleichbaren absoluten Zahlen der Gruppen untereinander muß man zur Vergleichung relativer Werte und deren deutlich während einer längeren Periode ausgeprägten Tendenzen übergehen. Zu dem Zweck sind in dieser Arbeit die im nächsten Abschnitt beschriebenen Einheitszahlen verwendet, die die relativen Verschiebungen der Zahlen B und C, gemessen an ihrer eigentümlichen Einheit, darstellen.

§ 3.

Die Untersuchungsmethode.

1: Die Berechnung der absoluten Werte.

Um die Tabellen 1—11 zusammenzustellen, mußten erst die Zahlen des Urmaterials in dem Sinne, wie es im § 2, 1 dargestellt worden ist, zum Teil durch Rechnung gewonnen werden. Die Zahl B, die entstand durch Verminderung der Betriebsausgaben um die Betriebseinnahmen, ist gerade aus diesen Ziffern und nicht aus der Verminderung der Gesamtausgaben um die Gesamteinnahmen gewonnen worden, da die letzteren Zahlen entweder auf der einen oder anderen Seite der Rechnung Größen enthalten, die in keinem wirtschaftlichen Zusammenhange mit dem Eisenbahnbetrieb stehen. Nehmen wir als Beispiel einmal Gruppe X, von der die Hälfte der Meilenzahl auf die Southern Pacific Cy fällt. Angenommen, es würden die Gesamtausgaben zugrunde gelegt, so enthalten diese in den letzten Jahren große Summen, die verwendet worden sind für den Prozeß, den die Southern Pacific mit dem Bunde wegen der Rückgabe von wertvollen Ländereien geführt hat. Es würde also hiermit der Betriebskoeffi̇cient künstlich gesteigert werden und zwar durch eine Ursache, die nur einen Teil der Gruppe angeht, und die Betriebsbedingungen gar nicht berührt.

Noch ein anderer Gesichtspunkt ist für diese Wahl maßgebend gewesen, nämlich die Erwägung, daß unter dem Deckmantel der Gesamteinnahmen die Gesellschaften des Westens, die größeren Ländereibesitz haben, in der Lage wären, Einnahmeausfälle, die infolge von Konjunkturenschwankungen entstanden sind, durch Landverkauf einzubringen und den wahren Sachverhalt zu verschleiern. Hiernach würden Tiefpunkte der Reinerträge in den östlichen Gruppen viel schärfer ausfallen als in den westlichen bei gleicher Ungunst der Betriebsergebnisse. Bei unserer Berechnung sind ferner die zu entrichtenden Steuern nicht einbegriffen, da sie von Staat zu Staat ganz erheblich wechseln, und in keinem Verhältnis zum Reinertrag stehen, vielmehr als Grundsteuer für die Meile oder im Verhältnis zum Aktienkapital erhoben werden. Sie betragen höchstens 2047 $ für die Meile in dem kleinen Staate New Jersey, während sie am wenigsten, nämlich nur 66 $ für die Meile im Indianerterritorium des Bundes betragen (1906/07). Der Durchschnitt stellt sich auf 367 $ für die Meile des Gesamtnetzes. Für die Union beträgt die Steuer etwa 10—12 % des Reinertrages. Es könnte gegen die Weglassung der Nebeneinnahmen und Nebenausgaben angeführt werden, es sei dann auch eine Ausscheidung eines Teiles des verausgabten Kapitals auf Rechnung der Nebenunternehmen erforderlich. Demgegenüber ist darauf hinzuweisen, daß selbständig betriebene Unternehmen nicht als Eisenbahnkapital aufgeführt werden; dies gilt hauptsächlich von den Kohlengesellschaften, die von derselben Finanzmacht kontrolliert werden. Im übrigen zerfallen diese Nebenunternehmen in Land- und Verkehrsunternehmen. Der Titel des Landbesitzes der großen Gesellschaften wird aber schon seit Jahren im Prozeßwege erfolgreich von dem Bunde bestritten, und die Verkehrsunternehmen wie Hotels, Betrieb von Ausflugsstätten (Yellowstone Park) und großen Bädern (Altantic City und, wie behauptet wird, indirekt Saratoga) erzeugen ja wieder im großen Umfange Verkehr auf den Bahnen. Kapital aber, das von der Rechtspersönlichkeit der Eisenbahngesellschaften zur Urbarmachung der Ländereien aufgenommen wird, bleibt ein Teil des Kapitals der Eisenbahn, wenn auch der Bund die Ländereien zurückerhält. Diese Summe muß also bei der Berechnung der Rentabilität mit einbegriffen werden, wenn man keine falsche Darstellung von der wirtschaftlichen Verpflichtung der Bahnen geben will.

Die Verkehrsunternehmen dienen im wesentlichen zu Reklamezwecken für die betreffenden Gesellschaften und bringen im Durchschnitt der Jahre nur eine sehr mäßige Verzinsung des Anlagekapitals. Im übrigen rechtfertigt eine empirische Tatsache die Wahl der Differenz „Betriebseinnahmen weniger Betriebsausgaben“ als Grundlage für die Berechnung von b und d, nämlich die annähernd gleiche Höhe des ausgeschlossenen Reinertrages der Unternehmen, die außerhalb des Betriebes stehen und der Steuerlast der Bahnen. Für die Union ergibt sich ein Durchschnittsbetrag im positiven Sinne zugunsten der Nebeneinnahmen jährlich von etwa 25 Millionen Dollars bei einem Reinertrage von 700—800 Millionen Dollars, also etwa 2¾ %, eine Größe, die jedenfalls das Kurvenbild nicht beeinflußt[1]). Diese empirische Ausgleichung der beiden ausgeschlossenen Elemente ist umso gerechter, als sie sich auch quantitativ geographisch gleichmäßig verteilen. Im Osten werden für die Meile hohe Steuern bezahlt, während auch gerade im dichtbevölkerten Osten bei dem vorhandenen Wettbewerb der Bahnen ein umfangreicher Nebenbetrieb die größte Bedeutung besitzt, während hingegen im Westen bei sehr niedrigen Steuersätzen nur geringe Einnahmen aus Nebenbetrieben erzielt werden, da der unbestrittene Landbesitz häufig wegen seiner Erschließung mehr Kosten verursacht, als direkten Gewinn einbringt.

Zur Auswahl der Zahl A als Ausdruck der Gesamtlänge der Bahnen einer Gruppe im Gegensatz zu der Meilenzahl, die dem Bundesaufsichtsamt untersteht, ist zu bemerken, daß sich die Zahlen b und c auf jene zweite Längenzahl und nicht auf A beziehen, daß aber diese zweite Zahl durchaus ungeeignet ist für die Vergleichszwecke, zu denen die Längen

---

Statistical Abstract of the United States 1908.

angabe dienen soll. Sie soll uns nämlich unter Umständen über außergewöhnliche Steigerungen der b- und d-Werte Auskunft geben, was aber nur möglich ist bei Berücksichtigung des Gesamtnetzes und seiner Längenschwankungen. Gerade in den am schnellsten fortschreitenden westlichen Staaten geschieht nämlich sehr viel auf dem Gebiete des Lokalbahnwesens. Diese meist elektrischen Bahnen haben in den letzten Jahrzehnten sehr viel für die Aufschließung weiter Gebietsteile getan und durch das Anbringen von Verkehrsmassen die Hauptlinien erheblich unterstützt und deren Rentabilität und Reinertrag erhöht. Da in dieser Arbeit die Zahl A dazu bestimmt ist, eine Erläuterung zu den Schwankungen von b und d abzugeben, so mußte A im weitesten Sinne gefaßt werden, um ein Bild von dem wirklichen und nicht von dem rechtlichen (im Sinne der Bundesaufsicht) Adernetz der Verkehrsmöglichkeiten zu geben. Die Zahl A umfaßt also alle normalspurigen Eisenbahnen der Vereinigten Staaten (Inter urban lines), die dem Verkehr zwischen Ortschaften (general traffic) und zwar für Personen und Güter dienen. Lokalbahnen von anderer Spurweite sind sehr selten, da man bei der Anlage von Klein- oder richtiger Nebenbahnen gleich damit rechnet, daß sie im Falle der ausreichenden Rentabilität von der Hauptbahn erworben werden, also gleiche Spurweite haben müssen.

2. Die bildliche Darstellung.

Die Herstellung der vorgelegten Tabellen geschah in der Absicht, eine zuverlässige Grundlage für die graphische Darstellung der finanziellen Entwicklung der Eisenbahnen in ihrer Gesamtheit und in den zehn Gruppen zu erhalten. Es wurden zu dem Zwecke vier Kurven gezeichnet, jedoch sind der Raumersparnis wegen die Kurven von A und d hier nicht mitgeteilt. Man kann sich aber unmittelbar aus den Tabellen eine genügende Vorstellung von ihrem Verlaufe machen. Als Zeiteinheit wurde stets der Zeitraum eines Jahres und zwar vom 1. Juli bis zum 30. Juni genommen. Die beigelegten Kurventafeln geben eine bildliche Darstellung des Verlaufes der Einheitszahlen für b und c. Allgemein ist $b_n = \frac{B_n}{B_{1890}}$ und $c_n = \frac{C_n}{C_{1890}}$. Es bedeutet hier jede Einheit der X-Achse ⅓ Jahr und jede Einheit der Y-Achse 0,05 b oder 0,05 c bezogen auf b und c für 1890.

Um ein zuverlässiges Bild von den Schwankungen von b zu gewinnen, war es notwendig, dieses Maß im Koordinatensystem zugrunde zu legen, da es gerade darauf ankam, Zeiten des Niederganges und des Aufschwunges als gerade Linien darzustellen, um ihrer Bedeutung gerecht zu werden. Dazu war aber notwendig, eine Einheit anzuwenden, die einerseits kleine Unterschiede in den jährlichen Ergebnissen nicht wiedergibt, wie sie bei so großen Wirtschaftskörpern, wie die Eisenbahnen es sind, allein schon durch rein zufällige Umstände entstehen können, die mit der Gesamtkonjunktur des Wirtschaftslebens nichts zu tun haben, wie da sind lokale Streiks in gewissen Gewerben, Überschwemmungen, zahlreiche Entschädigungsansprüche, andererseits aber Konjunkturentendenzänderungen schon rechtzeitig vorher zu erkennen gibt.

Auch für c ist die Auswahl der Einheit durchaus gerechtfertigt, indem erst Kapitalveränderungen, die über 2 % hinausgehen, in der Kurve Berücksichtigung finden; dadurch wird die Wirkung von Tilgungsquoten (½—1 %) oder Rückzahlung kleiner aber hochverzinslicher Bondsausgaben durch Umtausch gegen mehr der Zahl nach, aber viel niedriger verzinslichen Bonds (4 % statt 7 %) und ähnlicher kleiner Finanzoperationen möglichst ausgeschaltet. Bei der Betrachtung der praktischen Bedeutung der Einheitszahlen wird die Notwendigkeit der Ausschaltung der zeitlich und örtlich ungleichmäßig auftretenden Sondereinflüsse besonders deutlich hervortreten.

3. Die Bedeutung der Einheitszahlen.

Diese Einheitszahlen, von denen in diesen Ausführungen wiederholt die Rede war, sind als Schlüssel anzusprechen, mit dem sich das geschlossene Gebiet der amerikanischen Eisenbahnfinanzen öffnen läßt. Ihr Wesen besteht darin, wie der Name es schon ausspricht, das Einheitliche, das der Gesamtentwicklung der nach Beschaffenheit und Größe sehr verschiedenen Wirtschaftsobjekte zugrunde liegt, klar und leicht verständlich zum Ausdruck zu bringen, damit man in der Lage ist, der Tendenz der Entwicklung richtig zu folgen, statt sie zu hemmen oder zu stören.

Die Einheitszahlen b sind gewonnen worden, indem man den Reinertrag der Meile jeder Gruppe für das am 30. Juni 1890 abgeschlossene Geschäftsjahr in die entsprechenden Werte der folgenden Rechnungsjahre dividiert hat. Diese Methode ist in derselben Weise auf c angewendet worden, indem auch hier der Wert von 1890 als Einheit angenommen ist. Da das Jahr 1890 = 1. Juli 1889—30. Juni 1890 in wirtschaftlicher und politischer Beziehung durchaus gleichmäßig verlief, besteht kein begründeter Anlaß gegen die Verwendung dieses Jahres als Einheitsjahr. Es war ein Jahr ruhiger Entwicklung und stellt weder einen Höchststand noch einen Tiefpunkt unserer Kurven dar, sondern es verteilen sich Aufstiege, Abstiege und Fortsetzungen in gerader Linie ziemlich gleichmäßig unter den Gruppen in bezug auf die Zeit bis 30. Juni 1891.

Es wird eingewandt werden, daß statt dieser Einheitszahlen die Zahlen B und C direkt bildlich eingetragen werden konnten. Hiergegen muß hervorgehoben werden, daß eine gemeinschaftliche Darstellung von B und C, bei der deutlich ihre gegenseitige Wechselwirkung zutage treten konnte, technisch unter Beibehaltung der Urzahlen unmöglich war. Ferner würden die Kurven der absoluten Größen unter sich vollständig unvergleichbar sein, da dieselben ziffernmäßige Schwankungen, also bei B etwa 100 $ für die Meile, durch die gleiche Einheit auf der Y-Achse ausgedrückt werden würde, ohne in den zehn Fällen dasselbe zu bedeuten; nehmen wir aber die Einheitszahlen, so erhalten wir ein wahrheitsgetreues Bild der verhältnismäßigen Bedeutung der Veränderung des absoluten Wertes. Zwei bezeichnende Beispiele sollen dies näher beweisen: In Gruppe I steigt von 1895 bis 1896 B von 3348 auf 3440, also um 92 $, da die Einheit aber 3369 $ (1890) ist, so drückt sich diese Steigerung in Einheitszahlen = 0,99—1,02 aus, entsprechend ihrer geringen Bedeutung für diese Gruppe. In Gruppe VI dagegen macht sich der Abfall von b = 1914 $ (1894) auf 1816 $ in 1895 aber um 98 $ in Einheitszahlen wie folgt bemerkbar = 1,05—1,00 also 5 % statt 3 % in Gruppe I, da hier B (1890) = 1817 $ beträgt. Das Verhältnis der Devisoren ist hier gleich 3 : 5,5, während das Verhältnis der Einheitszahlen bei geringer Ungleichheit der Jahresdifferenzen sich in der Zeichnung im Verhältnis von 3 : 5 ausdrückt. Um aber ein genaues Bild von der Ausdrucksfähigkeit der Einheitszahlen in diesen beiden Fällen zu geben, werden wir die Annahme machen, daß beide Grundzahlen um 100 vermehrt werden infolge steigenden Reinertrages, also

Gruppe I	$B_{1890} = 3369$	$B_{1891} = 3469$	in Einheitszahlen	$= 1{,}0000 : 1{,}0521$
„ VI	$B_{1890} = 1817$	$B_{1891} = 1917$	„ „	$= 1{,}0000 : 1{,}0521.$

Es verhalten sich aber die Steigerungen 285 : 521 wie 3 : 5,484, während sich die Werte von 1890 verhielten wie 3 : 5,500.

Es paßt sich also diese Methode vollkommen den eigentümlichen Verhältnissen der Gruppen an und ermöglicht gleichzeitig unter Umgehung der absoluten Werte, die Tendenzen einer vergleichenden Betrachtung zu unterziehen. Man kann nach dieser Methode die verhältnismäßig gleich bedeutungsvollen Veränderungen gleich darstellen im Kurvenbilde, und ist so in der Lage, auf einheitlicher Vergleichsgrundlage sich ein Bild zu machen von den Kapitalsschwankungen und Reinertragstendenzen der Gruppen und zwar einzeln und im Zusammenhange. Bei Verwendung der amtlich gegebenen Werte wäre es einfach technisch unmöglich, die Kurven von Kapital und Reinertrag zusammenzufassen, da die Maßzahlen so weit auseinander liegen, daß eine räumliche Vereinigung nur durch Verkleinerung der B-Werte auf den zehnten Teil möglich wäre, ein Verfahren, das geeignet wäre, einen sich vorbereitenden Tendenzumschwung der b-Kurve durch Verkleinerung ihres Zahlenwertes zu verschleiern.

§ 4.

Die Ergebnisse der Untersuchung.

1. Allgemeiner Natur.

Betrachten wir zuerst im Zusammenhange alle b-Kurven auf gemeinschaftliche Eigenschaften, so fällt natürlich sofort der Tiefpunkt von 1894 auf, der verursacht wurde durch die allgemeine Eisenbahnfinanzkrisis von 1893/94, also in die Zeit fiel, die von den Zahlenergebnissen für den Punkt 1894 gedeckt wird. Die Schärfe des Abfalls zu diesem Tiefpunkt wird hauptsächlich von der absoluten Höhe von c für 1893 bestimmt und zwar in dem Sinne, daß die höher kapitalisierten Gruppen schwächer abfielen. Hier muß die Gruppe II (Newyork) ausgenommen werden, da ihr Abfall trotz hoher Kapitalisierung der Gruppe schärfer ist als bei niedriger kapitalisierten Gruppen; es wird dies verständlich, wenn man bedenkt, welche Bedeutung der Newyorker Hafenverkehr für die gesamte Volkswirtschaft der Vereinigten Staaten hat, und wie stark sich gerade dort Krisenerscheinungen ausprägen.

Der nächste bedeutsame Punkt der b-Kurven ist 1904, denn in diesem Jahre kam die Aufwärtsbewegung von b zum Stehen oder wurde sogar ins Negative umgekehrt. Diese Hemmung, die bis jetzt wenig bemerkt worden ist, kann aus zwei schwerwiegenden Gründen, nicht aus natürlichen Bedingungen der Volkswirtschaft entstanden sein: Es fehlten erstens die Vorzeichen eines Umschwunges. Die Bedeutung dieser Vorzeichen einer Krisis tritt besonders hervor, wenn wir aus der Kurvenbetrachtung ersehen, daß sowohl die Krisis von 1893—94 als auch die, fälschlich Geldkrisis genannte, Wirtschaftskrisis vom Herbst 1907 deutlich im stationären oder sinkenden b ihre Schatten vorauswarfen. In beiden Fällen, sowohl 1893 als auch 1907, ließ die Gestaltung des Reinertrages den kommenden Niedergang ahnen. Eine Ausnahme bildete Gruppe VI, 1893, was aber durch die im Bau befindliche Weltausstellung in Chicago ihre Erklärung findet.

Die Aufwärtsbewegung setzt zweitens sich in den folgenden Jahren fast noch schärfer fort, als vorher. Auch dieser Umstand ist von großer Bedeutung, da sowohl nach 1894 als auch jetzt nach 1907 mehrere Jahre der wirtschaftlichen Erholung notwendig sind, um einen Tendenzumschwung wirtschaftlicher Natur zu überwinden, geschweige denn zu überholen. Diese Bedenken lassen uns nach einem Zufallsmomente suchen, das für alle Bahnen wirksam war, denn die Hemmung 1904 war allgemeiner Natur. Hierfür käme zweierlei in Betracht, nämlich Streiks oder Tarifherabsetzung, beides trifft aber im größeren Maße und allgemein nicht zu, sondern es handelt sich hier um die Ausführung der wohl überlegten Absicht der Eisenbahnen, ihre Verhältnisse ungünstig darzustellen. Die Veranlassung dazu war die schon im Winter 1903—1904 bekannte Absicht der Einsetzung der Senatskommission zur Untersuchung der Tarifpolitik der Eisenbahnen (Elkinskommission). Es galt nun, ihr mit Berichten gegenüber zu treten, die ausweisen sollten, daß die Tarifsätze so bemessen waren, daß eine hohe Verzinsung zu den seltenen Ausnahmen gehörte. Bei jener Untersuchung der Eisenbahnverhältnisse wurde es denn auch gebührend von den Vertretern der Bahnen mit großem Geschick hervorgehoben, wie sich gerade damals die Einnahmen im Niedergang befanden. Um dieses Manöver klar zu durchschauen, seien folgende Zahlen wiedergegeben:

(b für eine Meile des ganzen Netzes der Union in Dollar und in Prozent von C)

1902	b) 3 048 Doll.	d) 4,89 %	C) 62 301 Doll.
1903	3 133 „	4,95 „	63 186 „
1904	2 998 „	4,56 „	64 265 „
1905	3 189 „	4,83 „	65 926 „
1906	3 548 „	5,22 „	67 936 „
1907	3 696 „	5,23 „	70 707 „
Krisisjahr 1908	3 171 „	4,36 „	72 745 „ .

Noch besser erläutert wird die Planmäßigkeit der Hemmung 1904, wenn wir den durchschnittlichen Unterschied der 10 d-Werte von 1903 auf 1904 und von 1904 auf 1905 berechnen. Es ergibt sich dann 1903/04 = — 0,168 %; 1904/05 = + 0,258 %. Zum Vergleich sei dasselbe für die Jahre 1907, 1908 und 1909 berechnet: 1907/08 = — 0,960 %, 1908/09 = + 0,496 %. Die Unnatürlichkeit des Niederganges 1904 geht aus dem Verhältnis der Durchschnittunterschiede klar hervor: 1903 : 1905 = — 2 : + 3 gegen 1907 : 1909 = — 4 : + 2.

Wendet man sich nun dem Tiefpunkte 1908 zu, veranlaßt durch die Krisis im Herbst 1907, deren Folgen auch jetzt noch nicht überwunden sind (1912), so wird die Aufmerksamkeit sofort auf zwei Faktoren gelenkt, nämlich erstens die Unrichtigkeit der Annahme eines unerwarteten Ausbruches der Krisis, der gemeinhin behauptet wird, und zweitens ihre außergewöhnlich leichte Überwindung durch die ausreichend kapitalisierten Gruppen. Das erste Moment ist eine schlagende Widerlegung der alten Behauptung von der Geldnot als Grundursache ihres Ausbruches, vielmehr ist anzunehmen, daß umgekehrt die Geldknappheit eine Folge der Krisenstimmung und des allgemeinen Mißtrauens war, das die kommenden Ereignisse vorausahnte. Das leichte Überwinden der letzten Krisis, der allerdings bis jetzt keine erhebliche Aufwärtsbewegung über den Stand von 1905/07 gefolgt ist, wurde erleichtert durch die finanzielle Gesundheit der Eisenbahnen und das unternormale Kurvenbild von c, auf das wir nachher zu sprechen kommen werden. Wurde die allgemeine Krisis von 1893/94 den Eisenbahnen verhängnisvoll, weil Verkehrs-, Netz- und Kapitalerweiterung in schreiendem Mißverhältnis zueinander standen, so ist das umgekehrte bei der zweiten Krisis der Fall, indem in diesem Falle eine große ruhende Verkehrsreserve vorhanden war, die nur der Entwicklung bedurfte, um einen großen Teil des Rückganges des Gesamtverkehres auszugleichen.

Der Kritik der c-Kurven sind einige Betrachtungen über den Wandel der Eisenbahnpolitik seit etwa 1885 vorauszuschicken. In der Baupolitik der amerikanischen Eisenbahnen sind im ganzen 3 Phasen zu unterscheiden, die zeitlich und wirtschaftlich scharf auseinanderfallen. Die erste Periode, etwa von 1828 bis 1860, kann man als die Bedarfsbauperiode bezeichnen. Es wurden in dieser Zeit dort Eisenbahnen gebaut, wo ein starker wirtschaftlicher Verkehrsbedarf vorlag, und die Unternehmen, die auf eingezahltem Aktienkapital und meistens geringfügigen Bondsausgaben gegründet waren, standen unter der Herrschaft der lokalen Verkehrsinteressenten, die häufig Staatsbeihilfe erhielten. Sie wurde von der zweiten Periode der Überland- und Konkurrenzbahnen 1860—1885 abgelöst. Es zeichnet sich diese Periode durch die Waghalsigkeit und Gewissenlosigkeit der Erweiterungspolitik aus, ihr Wahlspruch war: Erzeugung von Verkehr durch Bahnbau. In dieser Zeit entstanden die Überlandbahnen und in den östlichen Staaten viele unnötigen Linien, die nur dazu dienten, den Überlandbahnen zu möglichst billigem Preise den Zugang zum Atlantischen Ozean zu verschaffen. Der entbrennende Konkurrenzkampf (Tarifkriege) forderte einerseits die östlichen Bahnen heraus, sich einen Zugang nach Chicago, dem Knotenpunkt der Überlandbahnen zu verschaffen, während diese andererseits durch Pacht- und Kaufverträge oder Neubau sich den Eintritt in Newyork erzwingen wollten. Es brachte nun die dritte Periode 1885—1905 eine Klärung der Lage, indem sich aus der äußeren Verworrenheit eine gewisse Anzahl von Wirtschaftseinheiten (vielfach juristische Vielheiten), nämlich die sog. Systeme entwickelten und dann weiterhin abrundeten. Nachdem dieser Befestigungs- und Abrundungsvorgang in der großen Auseinandersetzung Hill-Harriman 1901—1903 seinen Höhepunkt und Abschluß gefunden hatte, fängt jetzt eine vierte Periode an, die wie die dritte Periode auf lokalen Ausbau des Netzes das Schwergewicht legt, aber nicht durch eigenen Neubau, sondern durch Erwerb einträglicher Lokalbahnen. Es sind die vorhin erwähnten gesunden Verhältnisse im wesentlichen durch diese verständigen Grundsätze in der Baupolitik entstanden und sie befestigen sich fortdauernd im steigenden Maße.

Betrachten wir die c-Kurven von 1890 an, so fällt es auf, daß bis gegen 1898—1900 die b-Kurve andauernd unter der c-Kurve liegt, bei scharfer Bautätigkeit und sinkendem Reinertrag, Umstände, die den Schluß zulassen, daß sich die Mehrzahl der Unternehmen mit zweifelhaften Neubauplänen übernommen hat und neue Linien betreibt auf Kosten des hohen Reinertrages alter Linien. Die Gefährlichkeit dieser ungesunden Lage wird noch dadurch erhöht, daß der so verminderte ursprüngliche Reinertrag wenigstens teilweise (nämlich für neue Vorzugsaktien und Bonds) für die erhöhte Kapitalisierung in Anspruch genommen wird. Es setzt als Folge dieses Zustandes von 1894 ein Sinken der c-Kurven ein, nicht direkt verursacht durch Sanierungen, da hierbei meistens, wie Daggett nachgewiesen hat, nur fest verzinsliche Papiere in Aktien oder Vorzugsaktien umgewandelt worden sind, und eine neue kleinere Schuld als Hypothek aufgenommen worden ist, sondern durch Ersatz von Scheinwerten durch den Eingang von Barmitteln aus dem Erlös der neuen Kapitalausgaben. Es blieb der Nennwert gleich, aber es wurde dem Unternehmen die Möglichkeit geboten, durch die neuen Mittel die Meilenkapitalisierung durch Neubau zu verringern. Durch die vorsichtige Baupolitik von 1895—1905 war der Zustand für die Bahnen so günstig geworden, daß sie die Krisis 1907 ohne zahlreiche oder umfangreiche Zahlungseinstellungen überwinden konnten, da jetzt c sehr erheblich unter b lag.

Diese allgemeinen Zusammenhänge zwischen b und c haben häufig Veranlassung gegeben, die Bedeutung einer Sicherheitsgrenze von c nach oben hin zu betonen. Durch die Anwendung der Einheitszahlen ist es nun möglich, von einem gegebenen Kapital und Reinertragspunkte aus einen dem gewerblichen Zinsfuß sich anpassenden formalen Ausdruck abzuleiten, der einen Gradmesser für die normale und zugleich höchste Begrenzung der Kapitalisierung darstellt. Zu seiner richtigen Fassung sind zwei Annahmen nötig, nämlich erstens, daß die Kapitalerweiterung im heutigen Amerika nicht sofort ausreichend verzinst wird durch die geschaffenen Anlagen, vielmehr, daß deren Betrieb sich erst langsam entwickeln muß (etwa drei Jahre), also die Verzinsung aus den Erträgen des ursprünglichen unerweiterten Unternehmens entnommen werden muß, zweitens, daß alle Kapitalbestandteile eine gewisse durchschnittliche, als normal anzunehmende Verzinsung, die man auf 4½ % ansetzen darf, erhalten müssen. Diese beiden Annahmen führen dazu, die Maximalkapitalisierung einer Meile für das Jahr n folgendermaßen zu bilden:

$$C'_n = \frac{200}{9} \cdot \frac{1}{3} (B_{n-3} + B_{n-2} + B_{n-1})$$

$$C'_{n+1} = \frac{200}{9} \cdot \frac{1}{3} (B_{n-2} + B_{n-1} + B_n) \text{ usw.}$$

Nun ist aber in Einheitszahlen $B_{n-r} = B_1 . b_{n-r}$, also kann man die Klammer auch folgendermaßen ausdrücken:

$$(B_{n-3} + B_{n-2} + B_{n-1}) = B_1 (b_{n-3} + b_{n-2} + b_{n-1}).$$

Wollen wir diese Ausdrücke in einer graphischen Darstellung von Einheitszahlen für b und c verwenden, um die wirkliche Gestaltung der c-Kurve kritisch zu mustern, so ist es notwendig, von $b_1 = 1$ auszugehen. Wir erhalten sodann als Höchstwert für c, also in unserem Falle für 1893 folgende Rechnung, wo x die Maximaleinheitszahl darstellt, die C bis 1893 erreichen darf:

$$C'_n = x\, C_1 = \frac{200}{9} \left(\frac{B_{n-3} + B_{n-2} + B_{n-1}}{3}\right) = \frac{200\, B_1}{27} (b_{n-3} + b_{n-2} + b_{n-1})$$

$$\frac{C'_n}{C_1} = x = \frac{200\, B_1}{27\, C_1} (b_{n-3} + b_{n-2} + b_{n-1}).$$

Bezeichnet man den Bruch $\frac{200\, B_1}{27\, C_1}$ mit F und die Klammer mit v_n, so erhält man für x die Gleichung:

$$x_n = F . v_n.$$

Bei der kritischen Beurteilung dieser Formulierung der Höchstkurve für c lassen sich nur die Wahl der Werte 4½ % und die drei Jahre bemängeln. Sie sind beide unter Berücksichtigung der amerikanischen Wirtschaftsverhältnisse gewählt worden, sollen aber dennoch nur beispielsmäßige und durchaus keine grundsätzliche Bedeutung haben. Wenn die Gesamtwirtschaft in der Union einer sehr langsamen Entwicklung entgegengeht, so wird man voraussichtlich später den dreijährigen Zeitraum der Durchschnittsbildung auf fünf Jahre verlängern müssen, während andererseits vielleicht die 4½ % in 4 % übergehen werden. Die Wahl des Satzes 4½ % wurde von zwei maßgebenden Erwägungen bestimmt, nämlich erstens durch die Tatsache, daß der heutige Bondszinsfuß für gesunde Unternehmen durchschnittlich soviel beträgt und zweitens, daß es in der Hauptsache Bonds sind, die zum weiteren Ausbau der Systeme verwandt werden. Es könnte nun eingewendet werden, 4½ % wäre eine ungenügende Verzinsung des bisherigen Kapitals. Demgegenüber muß betont werden, daß das Kapital sich nicht einheitlich zusammensetzt, sondern in drei Teile geteilt werden muß, in dem Sinne, daß $\Sigma K = B + V + A$, wo B = Bonds = Obligationen, V = Vorzugsaktien und A = Aktien bezeichnet. Für die Zinsen der Bonds und Vorzugsaktien dürften 4½ % vollkommen ausreichen und bei der Verzinsung der Aktien ist zu bedenken, daß etwa ein Drittel des Aktienkapitals ständig ohne Dividende ist, und zwar volkswirtschaftlich mit vollem Recht. Wenn die ertragbringenden Aktien, wie es tatsächlich der Fall ist, durchschnittlich ungefähr 6¾ % ergeben, so kommen also auf die Gesamtsumme der Aktien, unserer Annahme entsprechend, 4½ %.

2. Die Tabellen.

Die Zahlenreihen b, c und x aller Tabellen sind als Anlage auf der beigegebenen Tafel bildlich dargestellt.

Tabelle I.

Betrachten wir zuerst die Durchschnittskurven für das Netz der gesamten Union. Die beiden Kurven b und c, zuerst zusammen, trennen sich infolge des Sinkens von b durch die Krisis. Die x-Kurve zeigt an, daß die Verhältnisse vor der Krisis schon bedenklich waren, da der Reinertrag nur für eine ausreichende Verzinsung von $^6/_7$ des Anlagekapitals ausreichte. Im folgenden Jahrzehnt besserten sich die Zustände erheblich, so daß im Jahre 1903 das Kapital unterhalb der x-Linie blieb und seitdem auch dort verblieben ist. Die Krisis 1907 hat eben wegen der normalen Gestaltung der c-Kurven keine verhängnisvollen Folgen gehabt. Das geringe Sinken von x ist eine Mahnung, ein vollständiges Überwinden der Krisis abzuwarten und nur solche Kapitalerweiterungen vorzunehmen, die sofort selbständig sich verzinsen, wie z. B. der Ankauf von rentierenden Lokalbahnen. Um die Schärfe der x-Kurve in bezug auf negative und positive Abweichungen gegen c zu untersuchen, werden wir einmal die Werte C (Max. 1902) und C (Max. 1903) aus den x-Werten bilden und dann aus den Meileneinnahmen der Tabelle. Man erhält im ersten Falle aus der Gleichung $x_{(1902)} \cdot C_{(1890)} = 0{,}99 \cdot 60\,340$ den Wert 1902 $= 59\,740$ \$ und aus $x_{1903} \cdot C_{1890} = 1{,}06 \cdot 60\,340$ den Wert 1903 $= 63\,960$ \$. Zum Vergleiche werden dieselben Maximalwerte aus der Gleichung $K.\,M._{(1902)} = \frac{200}{9}(2435 + 2729 + 2854) \cdot {}^1/_3$ und $K.\,M._{(1903)} = \frac{200}{9}(2729 + 2854 + 3048) \cdot {}^1/_3$ berechnet, wobei sich folgende Zahlen ergeben: 1902 = 59 394 \$, 1903 = 63 936 \$. Die Abweichung des theoretischen vom praktischen Werte beträgt bei den Werten 1902 etwa ½ % und bei den Werten für 1903 sogar bloß 0,04 %, in beiden Fällen aber ist der Unterschied der theoretischen und praktischen Werte gegen das Meilenkapital gleicher Art, nämlich zuerst negativ und dann positiv. Die Einheitszahlen stellen also den wirtschaftlichen Zustand in nächster Annäherung richtig dar.

Absolute Werte für B und C und die Werte der Kurven b, c, und x für die Union.

Jahr	B in Dollar	C in Dollar	b	c	x	v
1890	2 300	60 340	1,00	1,00	—	—
1891	2 262	60 942	0,98	1,01	—	—
1892	2 404	63 776	1,05	1,06	—	—
1893	2 314	63 421	1,01	1,05	0,86	3,03
1894	1 946	62 951	0,85	1,04	0,86	3,04
1895	1 967	63 206	0,86	1,05	0,82	2,91
1896	2 052	59 610	0,89	0,99	0,77	2,72
1897	2 010	59 620	0,87	0,99	0,73	2,60
1889	2 325	60 343	1,01	1,00	0,74	2,62
1899	2 435	60 556	1,06	1,01	0,78	2,77
1900	2 729	61 490	1,19	1,02	0,83	2,94
1901	2 854	61 531	1,24	1,02	0,92	3,26
1902	3 048	62 301	1,33	1,03	0,99	3,49
1903	3 133	63 186	1,36	1,05	1,06	3,76
1904	2 998	64 265	1,30	1,07	1,11	3,93
1905	3 189	65 926	1,39	1,09	1,12	3,99
1906	3 548	67 936	1,54	1,13	1,14	4,05
1907	3 696	70 707	1,61	1,17	1,19	4,23
1908	3 171	72 745	1,38	1,21	1,28	4,54
1909	3 505	74 293	1,52	1,23	1,28	4,53
1910	—	—	—	—	1,27	4,51

$$x = F . v$$

$$F = \frac{200}{27} \cdot \frac{B_{1890}}{C_{1890}}; \quad v = (b_{n-3} + b_{n-2} + b_{n-1})$$

$$B_{1890} = 2\,300$$

$$C_{1890} = 60\,340$$

$$b_n = \frac{B_n}{B_{1890}}$$

$$c_n = \frac{C_n}{C_{1890}}.$$

Tabelle II.

Diese Kurven stellen die Verhältnisse der kleinsten Gruppe unseres Eisenbahnnetzes dar und gelten für die Neuengland Staaten Maine, New Hamshire, Vermont, Massachussetts, Rhode Island und Connecticut. Diese Staaten zeichnen sich frühzeitig durch ein sachgemäßes Einschreiten gegen Mißstände im Eisenbahnwesen aus. Die Folgen ihrer Maßnahmen prägen sich deutlich in dem ruhigen Verlauf der b- und c-Kurven aus, begleitet von einem hohen Stande von d trotz erheblicher Kapitalvermehrung. Bis zu den letzten Jahren war eine erhebliche positive Differenz zwischen c und x, die aber infolge von sehr kostspieligen Bahnhofsanlagen in Boston und Erweiterung des Lokalbahnnetzes stark eingeschränkt wurde. Eine solche einmalige Ausgabe muß gerade bei der geringen Meilenzahl sich deutlich ausprägen. Diese Erhöhung wird ausgeglichen werden durch den Erlös aus den alten Bahnhofsgrundstücken, die im Zentrum von Boston gelegen sind und daher einen großen Wert darstellen müssen. Der Erlös wird für die beiden Gesellschaften, die Newyork—Newhaven und die jetzt mit ihr verschmolzenen Boston and Maine-Cy, die im wesentlichen diese Gruppe ausmachen, ein Kapitalsfonds sein, von dem sie lange werden zehren können. Inzwischen wird sich die Differenz x—c wieder vergrößert haben. Jedenfalls besteht für diese Gruppe, dank ihrer einwandfreien Grundlagen, kein Anlaß zum Vorgehen, da Reinertrag und Kapitalisierung im richtigen Verhältnis zu einander stehen. Um die richtige Beleuchtung der Wirtschaftszustände des beobachteten Verkehrsgebietes durch die Einheitszahlen zu beweisen, wollen wir für diese Gruppe die Jahre 1893—1900 in bezug auf d- und x-Werte aussondern und aus beiden Reihen je einen Durchschnittswert bilden, der für d = 5,75 % und für x = 1,485 beträgt. Vergleichen wir nun den Betrag von $\frac{5.75}{100}$ des Durchschnittskapitals jener Periode mit $\frac{4.5}{100} \cdot 1{,}485 \cdot c_{(1890)}$, also verdiente Zinsen mit der höchsten theoretischen Zinsenlast, so erhält man einen exakten Ausdruck für die Abweichung der Theorie von der Praxis. Die Werte betragen aus d = 3467 $, und aus x = 3397 $. Also sind die Zinsenanforderungen des theoretischen Maximalkapitals um rund 2 % niedriger als die verfügbaren Reineinnahmen.

Absolute Werte von A, B, C und d und die Werte der Kurven b, c und x der Gruppe I.

Jahr	A in Meilen	B in Dollar	C in Dollar	d = B in % von C	b	c	x	v
1890	6 878	3 369	50 834	6,62	1,00	1,00	—	—
1891	6 931	3 417	59 391	5,75	1,01	1,16	—	—
1892	7 005	3 392	57 855	5,86	1,01	1,13	—	—
1893	7 062	3 517	58 459	6,01	1,04	1,14	1,48	3,02
1894	7 167	3 258	61 546	5,29	0,96	1,21	1,50	3,06
1895	7 296	3 348	60 896	5,50	0,99	1,19	1,48	3,01
1896	7 389	3 440	59 158	5,81	1,02	1,16	1,47	2,99
1897	7 423	3 413	60 402	5,65	1,01	1,17	1,46	2,97
1898	7 472	3 439	59 983	5,73	1,02	1,17	1,48	3,02
1899	7 563	3 557	60 732	5,86	1,05	1,18	1,50	3,05
1900	7 622	3 781	61 246	6,17	1,12	1,20	1,51	3,08
1901	7 682	3 704	62 199	5,96	1,10	1,22	1,57	3,19
1902	7 705	3 768	61 050	6,17	1,11	1,20	1,61	3,27
1903	7 797	3 707	62 717	5,91	1,10	1,23	1,64	3,33
1904	7 824	3 730	64 852	5,75	1,11	1,28	1,63	3,31
1905	7 821	4 018	65 475	6,14	1,19	1,29	1,63	3,32
1906	7 893	4 579	66 416	6,89	1,36	1,31	1,67	3,40
1907	7 962	4 506	88 760	5,08	1,34	1,75	1,84	3,76
1908	7 956	4 071	93 400	4,36	1,21	1,84	1,91	3,89
1909	7 950	4 866	96 274	5,05	1,44	1,89	1,92	3,91
1910	—	—	—	—	—	—	1,96	3,99

$$x = F . v \qquad B_{1890} = 3\,369$$

$$F = \frac{200}{27} \cdot \frac{B_{1890}}{C_{1890}} \qquad C_{1890} = 50\,834$$

$$v_n = (b_{n-3} + b_{n-2} + b_{n-1}).$$

Tabelle III.

Die nächsten Kurven behandeln die Gruppe II, die sich zusammensetzt aus den Staaten Newyork, New Jersey, Pennsylvania, Delaware, Maryland und einem Teil von West Virginia. Dieses Gebiet umfaßt den Industriebezirk des Ostens und den Newyorker Verkehr. Die beiden dominierenden Gesellschaften sind die Pennsylvania- und die Vanderbiltbahnen, beide Systeme berühmt als Muster von guter Geschäftsführung. Wie nicht anders zu erwarten ist, zeigen sowohl b als auch c und d viel stärkere Schwankungen, da die Wechselfälle des Wirtschaftslebens, der Natur des Verkehrsgebietes entsprechend, sich viel schärfer ausprägen müssen. Es ist bemerkenswert, wie in diesem Falle, wo b und c gleich von vornherein im richtigen Verhältnis standen (x setzt etwas oberhalb des c-Wertes an) sie auch im ganzen während der zwei Jahrzehnte beisammenbleiben. Die x-Kurve fällt zwar nach der Krisis von 1893/94 etwas unter c, aber die Differenz bleibt doch gering und wird schon 1901 positiv, um dann trotz erheblicher Kapitalauslagen beider Bahnen (es sei nur der Elektrifizierung der Vorortstrecken der New York Central (Kosten etwa 120 Millionen Dollar) und des Bahnhofneubaues der Pennsylvania Bahn (75 Millionen Dollar) gedacht) sich bis jetzt im erheblichen Umfange zu behaupten (15 %). Bis zum Anfange dieses Jahrhunderts waren die Gesetze dieser Einzelstaaten nicht streng, vielmehr ist das günstige Bild im wesentlichen ein Verdienst der beiden Systeme und der Lohn ihrer vorsichtigen Politik. Der Verlauf unserer x-Kurve ist ein schlagender Beweis für die Richtigkeit der gewählten Werte, drei Jahre und 4½ %. Es zeigt sich nämlich, daß die Formel, sogar unter an und für sich ungünstigen Umständen, wie da sind teure Grundstückspreise, Verbot der Lokomotive im Nahverkehr und ernster Wettbewerb, der stets zu neuen Kapitalaufwendungen zwingt, dennoch genug Spielraum läßt und nicht als Hemmschuh wirkt. Wie schon in der Einleitung betont wurde, schwächt die Zusammensetzung von x die Wirkung einer Krisis auf die Kapitalisierungsmöglichkeit ab. Ob diese Wirkung nun nicht zu stark ist, soll durch folgendes Verfahren dargetan werden und zwar an der Hand der Zahlen für die Krisis von 1907. Im Jahre 1908 und 1909 war die Rentabilität des durchschnittlichen Meilenkapitals dieser Gruppe (142 840 $) 5 %, also unter Annahme des Satzes von 4½ % verblieb ein Reinüberschuß von 714 $. Wird diese Summe mit $\frac{200}{9}$ kapitalisiert, so erhält man 15 866 $ Kapitalreserve als Wert der Praxis. Nehmen wir ferner an, daß c 1910 im selben Tempo steigt, wie von 1908 zu 1909, so erhält man eine Differenz $x - c = 0{,}14$ oder in Dollar = 16 560. Die Abweichung von der Praxis beträgt nur 4 %, obwohl der praktische Wert nur aus zwei Teilen bestand, gegen 3 bei dem theoretischen Werte und ferner die ungünstigste Differenz x—c zugrunde gelegt wurde.

Die absoluten Werte für A, B, C und d und die Werte der Kurven b, c und x der Gruppe II.

Jahr	A in Meilen	B in Dollar	C in Dollar	d = B in % von C	b	c	x	v
1890	18 614	5 545	117 902	4,70	1,00	1,00	—	—
1891	19 018	5 453	116 756	4,67	0,98	0,99	—	—
1892	19 340	5 616	123 328	4,55	1,01	1,05	—	—
1893	19 965	5 543	123 513	4,49	1,00	1,05	1,04	2,99
1894	20 362	4 747	121 395	3,91	0,85	1,03	1,04	2,99
1895	20 608	4 686	120 192	3,90	0,83	1,03	0,99	2,86
1896	20 803	4 745	112 965	4,20	0,85	0,96	0,93	2,68
1897	20 931	4 637	104 217	4,45	0,83	0,88	0,88	2,53
1898	21 011	5 061	111 343	4,55	0,91	0,94	0,87	2,51
1899	21 143	5 186	112 919	4,59	0,96	0,96	0,90	2,59
1900	21 481	5 879	112 255	5,24	1,06	0,95	0,93	2,67
1901	21 743	6 086	113 321	5,37	1,09	0,96	1,01	2,90
1902	21 840	6 399	116 959	5,47	1,15	0,99	1,07	3,08
1903	22 466	6 663	121 491	5,48	1,20	1,03	1,15	3,03
1904	22 594	6 610	125 827	5,25	1,19	1,09	1,20	3,44
1905	22 818	6 981	127 969	5,46	1,26	1,11	1,23	3,54
1906	23 310	7 641	133 534	5,72	1,38	1,16	1,27	3,65
1907	23 449	7 936	137 820	5,76	1,43	1,20	1,33	3,83
1908	23 174	6 943	142 380	4,88	1,25	1,23	1,42	4,07
1909	23 237	7 347	143 300	5,13	1,32	1,24	1,41	4,06
1910	—	—	—	—	—	—	1,39	4,00

$$x = F \cdot v$$

$$F = \frac{200}{27} \cdot \frac{B_{1890}}{C_{1890}}$$

$$B_{1890} = 5\,545$$

$$C_{1890} = 117\,902$$

$$v_n = (b_{n-3} + b_{n-2} + b_{n-1}).$$

Tabelle IV.

Es sind die Kurven der Gruppe III, die die Staaten Ohio, Indiana, die südliche Halbinsel von Michigan, Teile von Newyork und Pennsylvania enthält. Diese Gruppe läßt schon aus der Gestaltung der Kurven nichts gesundes ahnen und tatsächlich ist sie auch das Hauptverkehrsgebiet der zweifelhaften Erie und eines Teiles der Wabashbahnen. Beide Unternehmen sind sehr schlecht ausgerüstet, erzielen daher einen geringen Reinertrag und sind obenein noch erheblich überkapitalisiert. Sie üben also einen scharfen Druck auf b aus, während sie übrigens auch die negative Differenz x—c verschuldet haben. Sobald die Reinertragsverhältnisse in den Jahren bis 1903 eine starke Verminderung der negativen Differenz herbeigeführt hatten, wurde diese wieder vergrößert durch Kapitalausgaben dieser Bahnen. Bei dem Fehlen einer amtlichen Kapitalisationsgrenze griffen die Finanzmächte nach der Krisis der Eriebahn 1904 zu dem Mittel der Selbsthilfe und versagten beiden Unternehmen umfangreichen Kapitalkredit. Der Erfolg wird im stehengebliebenen c und steigenden x deutlich bemerkbar. Es zeigt sich auch hier wieder deutlich, wie sehr die Formel ein Gradmesser für eine gesunde Grundlage der Finanzpolitik der Eisenbahnen ist. Eine kleine Rechnung soll aber noch den Einfluß ungesunder Bestandteile rechnungsmäßig vorführen. Wenn man nämlich die Differenz zwischen Nennwert und Kurswert der Aktien und Vorzugsaktien der Eriebahn derart berechnet, daß man für die Stammaktien 30 %, für die ersten Vorzugsaktien 50 % und für die zweiten Vorzugsaktien 40 % annimmt als Kurswert des Jahres 1908, so ergibt sich eine Kapitalisierung von 64 059 870 $ anstatt eines Nennwertes von 176 271 300 $. Dividiert man die Differenz nun mit der Meilenzahl der Gruppe für 1908 im Betrage von 24 976 Miles, so erhält man 4493 $, zieht man diesen Betrag aber von der Meilenkapitalisation (89 056 $ 1908) ab, so bleiben 84 563 $ oder in Einheitszahlen 1,35 für das hypothetische c 1908, ein Wert, der eine positive Differenz von 0,01 gegen den x-Wert des Jahres 1908 (1,36) bildet. Also verschuldet der eine bedenkliche Bestandteil die schlechten Eigenschaften des Gruppenbildes.

Die absoluten Werte von A, B, C und d und die Werte der Kurven b, c und x der Gruppe III.

Jahr	A in Meilen	B in Dollar	C in Dollar	d = B in % von C	b	c	x	v
1890	21 718	2 463	62 641	3,93	1,00	1,00	—	—
1891	22 013	2 425	64 920	3,73	1,00	1,04	—	—
1892	22 271	2 451	64 897	3,77	1,00	1,04	—	—
1893	22 364	2 425	67 433	3,60	1,00	1,08	0,87	3,00
1894	22 467	1 930	69 239	2,79	0,78	1,10	0,87	3,00
1895	22 652	2 087	68 485	3,04	0,84	1,09	0,81	2,78
1896	22 938	2 166	61 843	3,50	0,88	0,99	0,76	2,62
1897	23 025	1 956	63 373	3,09	0,79	1,01	0,73	2,50
1898	23 095	2 145	63 458	3,38	0,87	1,01	0,73	2,51
1899	23 316	2 316	65 544	3,54	0,94	1,04	0,74	2,54
1900	23 403	2 855	64 729	4,41	1,16	1,03	0,76	2,60
1901	23 480	2 965	66 529	4,46	1,20	1,06	0,87	2,97
1902	23 862	3 230	70 872	4,56	1,31	1,13	0,96	3,30
1903	23 843	3 392	71 799	4,73	1,38	1,14	1,07	3,67
1904	24 399	3 020	76 882	3,93	1,23	1,23	1,13	3,89
1905	24 554	3 285	83 900	3,92	1,33	1,34	1,14	3,91
1906	24 769	4 058	90 710	4,47	1,65	1,45	1,15	3,93
1907	25 051	4 284	89 474	4,79	1,70	1,43	1,23	4,26
1908	24 976	3 810	89 056	4,28	1,55	1,42	1,36	4,68
1909	24 880	4 204	88 662	4,74	1,70	1,41	1,42	4,90
1910	—	—	—	—	—	—	1,44	4,95

$x = F \cdot v$

$$F = \frac{200}{27} \cdot \frac{B_{1890}}{C_{1890}}$$

$B_{1890} = 2\,463$

$C_{1890} = 62\,641$

$v_n = (b_{n-3} + b_{n-2} + b_{n-1}).$

Tabelle V.

Diese Gruppe ist die Zusammenfassung von Virginia, West Virginia, Nord und Süd Carolina. Es ist das Verkehrsgebiet der Southern Railway, eines Systems von etwa 7000 Meilen, dessen Kapitalgeschichte (nach Daggett) wohl das bedenklichste vom Standpunkte der Rentabilität ist, was man bisher in Amerika erlebte. Anläßlich einer Tarifuntersuchung spricht sich (1900) das Bundesamt dahin aus, daß der Neubau des gesamten damaligen Netzes nur 55 % des Kapitals der Gesellschaft kosten würde. Diese Tatsache allein erklärt schon die negative Differenz von c und x, die einmal vorübergehend einem Ausgleich Platz machte, um aber alsbald im ungünstigen Sinne wieder aufzutreten, da es sich um ein Verkehrsgebiet handelt, wo fortwährend wegen der schlechten Beschaffenheit des Baues Kapital verwendet werden muß, um den Reinertrag, also mit anderen Worten die Betriebsfähigkeit der Strecke zu erhalten. Trotz des hohen Reinertrages ist es aber nicht möglich gewesen, im Laufe der gewöhnlichen Reinerträgssteigerung c unter x zu bringen. Es wäre hier ein gegebener Fall, wo man auf Grund einer zu schaffenden gesetzlichen Bestimmung die gerichtliche Zusammenlegung des Aktienkapitals durchführen könnte, ohne wirkliche Werte zu zerstören, vielmehr würde die kleinere Zahl von Aktien infolge von Dividendenaussicht Wert erlangen. Der Verlauf von x in dieser Gruppe zeigt, daß diese Kurve ihrer Bildung entsprechend nicht sofort positiv umschlägt, wenn die Rentabilität 4½ % überschreitet, sondern erst, wenn ein gewisser Überschuß über diesen Mindestzinssatz hinaus in den Reineinnahmen enthalten ist. Es geht aus den d-Werten für 1902—04, also während 3 Jahre, hervor, daß mehr als 4,50 % verdient werden, aber dennoch bleibt x (1905) unter c, obwohl die d-Werte wie auch x aus denselben Grundwerten für b in derselben Zeit entstanden sind. Die negative Differenz beträgt — 0,03.

Absolute Werte von A, B, C und d und die Werte der Kurven b, c und x für Gruppe IV.

Jahr	A in Meilen	B in Dollar	C in Dollar	d = B in % von C	b	c	x	v
1890	9 032	1 393	47 434	2,93	1,00	1,00	—	—
1891	9 835	1 446	46 123	3,13	1,04	0,97	—	—
1892	10 336	1 295	48 099	2,69	0,93	1,01	—	—
1893	10 878	1 270	46 830	2,71	0,91	0,98	0,65	2,97
1894	10 733	1 091	43 895	2,48	0,74	0,92	0,63	2,88
1895	11 117	1 175	47 250	2,49	0,84	0,99	0,56	2,58

Jahr	A in Meilen	B in Dollar	C in Dollar	d = B in % von C	b	c	x	v
1896	11 286	1 298	47 828	2,71	0,93	1,01	0,54	2,49
1897	11 360	1 333	49 080	2,72	0,97	1,03	0,55	2,51
1898	11 581	1 503	48 398	3,11	1,08	1,02	0,60	2,74
1899	11 739	1 682	49 384	3,41	1,21	1,04	0,65	2,98
1900	11 894	1 954	57 684	3,39	1,40	1,21	0,71	3,26
1901	12 236	2 115	50 452	4,19	1,52	1,06	0,80	3,69
1902	12 406	2 347	52 802	4,55	1,68	1,11	0,90	4,13
1903	12 738	2 393	52 088	4,59	1,72	1,10	1,00	4,60
1904	12 893	2 516	53 643	4,69	1,81	1,13	1,07	4,92
1905	13 331	2 769	54 973	5,04	1,99	1,16	1,13	5,21
1906	13 645	3 002	56 549	5,30	2,16	1,19	1,20	5,52
1907	13 978	2 628	63 168	4,16	1,89	1,33	1,30	5,96
1908	14 373	2 513	68 322	3,68	1,80	1,44	1,31	6,04
1909	14 881	2 940	68 872	4,27	2,11	1,45	1,27	5,85
1910	—	—	—	—	—	—	1,26	5,80

$x = F \cdot v$

$F = \frac{200}{27} \cdot \frac{B_{1890}}{C_{1890}}$

$B_{1890} = 1\,393$

$C_{1890} = 47\,434$

$v_n = (b_{n-3} + b_{n-2} + b_{n-1})$.

Tabelle VI.

Diese Gruppe umfaßt Kentucky, Tennessee, Mississippi, Alabama, Georgia und Florida. Auch hier fällt die große negative Differenz von c und x auf, die aber langsam einem Gleichgewichte entgegengeht. Daß hier ein Spielraum fehlt, ist nicht von so großem Gewichte, da diese Bahnen keinen besonders hohen Verdienst erwarten können, da sie nur zwei Produkte als Massengüter zu behandeln haben, nämlich Baumwolle und Erze, neuerdings auch Kohlen, da die Erze leicht an Ort und Stelle verhüttet werden. Das Sinken von c ist durch Reorganisationen verschiedener kleiner Bahnen (Central of Georgia) und billigen Ankauf (weit unter Pari) kleiner Linien durch große Systeme verursacht. Zum Einschreiten ist wenigstens jetzt kein zwingender Grund vorhanden, immerhin aber sollte man diese Gruppe nicht aus dem Auge verlieren, da Mißernten wohl leicht eine Krisis verursachen könnten. Die entstandene negative Differenz x—c ist hauptsächlich durch zu rapide Kapitalexpansion entstanden; denn wir sehen, wie in den 6 Jahren 1904—1910 die Reineinnahmen von 1960 \$ auf 2152 \$, also um etwa 9 %, steigen, während das Meilenkapital sich von 42 411 \$ bis 47 866 \$, also um rund 13 %, vergrößert. Infolge dieser übereilten Erweiterungspolitik ist (x—c) 1909 = — 0,15 statt — 0,02 (1904).

Absolute Werte von A, B, C und d und die Werte der Kurven b, c und x der Gruppe V.

Jahr	A in Meilen	B in Dollar	C in Dollar	d = B in % von C	b	c	x	v
1890	18 635	1 663	46 775	3,55	1,00	1,00	—	—
1891	19 503	1 507	46 403	3,24	0,91	0,99	—	—
1892	19 839	1 517	50 086	3,03	0,91	1,05	—	—
1893	20 191	1 366	47 973	2,85	0,82	1,02	0,74	2,92
1894	20 818	1 342	46 211	2,90	0,81	0,93	0,70	2,64
1895	20 709	1 304	45 766	2,85	0,77	0,97	0,67	2,54
1896	21 089	1 297	42 856	3,02	0,76	0,91	0,63	2,40
1897	21 418	1 291	43 583	2,96	0,77	0,93	0,60	2,34
1898	21 891	1 533	44 603	3,51	0,92	0,95	0,61	2,30
1899	22 142	1 565	44 283	3,53	0,94	0,94	0,65	2,45
1900	22 672	1 704	42 707	3,81	1,02	0,91	0,69	2,63
1901	23 327	1 783	40 757	4,38	1,07	0,87	0,76	2,88
1902	23 953	1 837	38 965	4,71	1,10	0,83	0,80	3,03
1903	24 422	1 979	41 418	4,78	1,19	0,88	0,84	3,19
1904	24 891	1 960	42 411	4,62	1,18	0,91	0,89	3,36
1905	25 754	1 968	42 235	4,66	1,18	0,90	0,91	3,47
1906	26 743	1 971	43 765	4,50	1,18	0,94	0,93	3,55
1907	27 629	1 853	45 017	4,11	1,11	0,96	0,93	3,54
1908	28 103	1 712	48 791	3,50	1,03	1,04	0,91	3,47
1909	28 377	2 152	47 866	4,50	1,29	1,02	0,87	3,32
1910	—	—	—	—	—	—	0,90	3,43

$$x = F \cdot v \cdot$$

$$F = \frac{200}{27} \cdot \frac{B_{1890}}{C_{1890}}$$

$$B_{1890} = 1\,663$$

$$C_{1890} = 46\,775$$

$$v_n = (b_{n-3} + b_{n-2} + b_{n-1}).$$

Tabelle VII.

In diese Gruppe fallen Illinois, nördliche Halbinsel von Michigan, Minnesota, Wisconsin, Jowa, Nord und Süd Dakota. Die Kurven dieser Gruppe zeigen einige bedeutsame Eigentümlichkeiten, vor allem b in den ersten Jahren bis zum Maximum von 1893. Dieses merkwürdige Maximum kann nicht allein durch den Personenverkehr der Weltausstellung erklärt werden, da ja der Hauptstrom aus dem dicht bevölkerten Osten kam und nicht aus den schwach besiedelten Farmerstaaten des Westens. Aber ein anderer Grund kann zur Erklärung dienen, nämlich der starke Holzverbrauch für die Ausstellung wird hauptsächlich mitspielen, damit wird auch die Steigerung 91—92 begreiflich. Auffallend ist ferner die verhältnismäßig große Beständigkeit von c, und sie läßt wohl den Schluß zu, daß in diesem Verkehrsgebiete bei reger Bautätigkeit (37 bis 50 000 ℳ) der Reinertrag manche Meile gebaut hat und auf diese Weise der dringend notwendige Tarifausgleich unterblieben ist. Darauf läßt auch die große positive Differenz x—c schließen, die geradezu zur Überwachung der Tarifpolitik herausfordert. Außerordentlich scharf kommt die künstliche Natur der Depression 1904 in dieser Gruppe zum Ausdruck durch die Methode der Einheitszahlen, indem man die Reihe 1903—1905 und 1907—1909 für b vergleicht. Die Reihen sind 1,60, 1,45, 1,57 und 1,77, 1,50, 1,62. Ist im ersten Falle die Differenz 5 : 4, so ist sie im zweiten Falle der bona fide Krisis 9 : 4. Auch x kennzeichnet in seinem Verlaufe deutlich die Art der Depression, wenn man die x-Werte aussondert, die von der Krisis 1894 und 1904 beeinflußt wurden, nebst dem ersten freien Werte, die Reihen lauten $x_{(1895-1898)} = 1{,}05$, 0,98, 0,92, 0,92, dagegen $x_{(1905-1908)} = 1{,}30$, 1,30, 1,34, 1,45, also eine umgekehrte Tendenz.

Die absoluten Werte von A, B, C und d und die Werte der Kurven b, c und x der Gruppe VI.

Jahr	A in Meilen	B in Dollar	C in Dollar	d = B in % von C	b	c	x	v
1890	37 464	1 817	47 645	3,81	1,00	1,00	—	—
1891	37 891	1 945	48 890	3,97	1,07	1,02	—	—
1892	38 520	2 282	49 123	4,64	1,25	1,03	—	—
1893	39 657	2 573	49 614	5,19	1,41	1,04	0,94	3,32
1894	40 149	1 914	48 377	3,95	1,05	1,01	1,05	3,73
1895	40 446	1 816	49 039	3,70	1,00	1,03	1,05	3,71
1896	40 667	2 189	46 810	4,68	1,20	0,99	0,98	3,46
1897	40 877	1 941	47 836	4,06	1,06	1,00	0,92	3,25
1898	41 317	2 233	47 659	4,69	1,23	1,00	0,92	3,26

Jahr	A in Meilen	B in Dollar	C in Dollar	d = B in % von C	b	c	x	v
1899	41 932	2 421	46 486	5,21	1,33	0,98	0,99	3,49
1900	43 448	2 562	47 087	5,44	1,41	0,98	1,02	3,62
1901	44 342	2 505	47 171	5,31	1,40	0,99	1,12	3,97
1902	45 400	2 848	46 842	6,08	1,56	0,98	1,17	4,14
1903	46 119	2 927	46 771	6,26	1,60	0,98	1,23	4,37
1904	47 101	2 642	47 607	5,55	1,45	0,99	1,29	4,56
1905	47 920	2 852	48 891	5,83	1,57	1,03	1,30	4,61
1906	49 426	3 136	50 020	6,27	1,73	1,05	1,30	4,62
1907	50 199	3 209	53 804	5,96	1,77	1,13	1,34	4,75
1908	50 042	2 730	52 804	5,17	1,50	1,11	1,43	5,07
1909	50 191	2 948	58 000	5,08	1,62	1,22	1,41	5,00
1910	—	—	—	—	—	—	1,38	4,89

$x = F \cdot v$

$F = \frac{200}{27} \cdot \frac{B_{1890}}{C_{1890}}$

$B_{1890} = 1\,817$

$C_{1890} = 47\,645$

$v_n = (b_{n-3} + b_{n-2} + b_{n-1})$.

Tabelle VIII.

Diese Gruppe mit den Staaten Nebraska, Montana, Wyoming, Teilen von Nord- und Süd-Dakota und Colorado beweist den wirtschaftlichen Erfolg einer großzügigen Geschäftspolitik durch leitende Männer. Es ist das Gebiet der Hill- und Harrimanbahnen. Bei dem Minimum von d im Jahre 1895 waren die Union und Northern Pacific mitten im Konkurse; wie bedenklich das Mißverhältnis von Kapital und Reinertrag bei ihnen geworden war, zeigt die x-Kurve. Da im Jahre 1896 übernimmt Hill die Leitung der Northern Pacific und 1899 Harriman die Union Pacific, nach 8 Jahren ist durch Reinertragssteigerung, verbunden mit Kapitalverminderung, x über c gestiegen und steigt weiter, bis die Differenz etwa + 0,40 beträgt. Jetzt wird die Differenz aber zu groß, und es ist die Frage, ob man nicht auf Grund dieser nachgewiesenen Übersicherheit des Reinertrages zu einer Tarifherabsetzung wird übergehen müssen. Bezeichnend für den bekannten Wohlstand der Gruppe ist der Verlauf von x nach 1907, nämlich fast als gerade Linie. Nimmt man an, daß c 1910 keine erhebliche Vergrößerung gegen 1909 erfahren hat, also $x - c = +0{,}40$ ist, dann würde eine Kapitalvermehrung um 30 % nach x möglich sein. Berechnet man den Überschuß der Rentabilität des Durchschnittes aus 1908 und 1909 $\left(\frac{5{,}71 + 6{,}07}{2} - 4{,}5\right) = 1{,}38$, so ergibt sich eine Reinertragsreserve von 31 % als Wert der Praxis.

Absolute Werte von A, B, C und d und die Werte der Kurven b, c und x der Gruppe VII.

Jahr	A in Meilen	B in Dollar	C in Dollar	$d = B$ in % von C	b	c	x	v
1890	8 887	2 121	50 314	4,21	1,00	1,00	—	—
1891	9 385	1 667	49 625	3,35	0,78	0,98	—	—
1892	9 525	1 810	50 501	3,58	0,85	1,00	—	—
1893	10 493	1 611	43 192	3,73	0,76	0,85	0,82	2,63
1894	10 160	1 130	43 242	2,61	0,53	0,85	0,75	2,39
1895	10 304	1 062	43 526	2,44	0,50	0,86	0,67	2,14
1896	10 352	1 246	41 612	2,99	0,58	0,82	0,56	1,79
1897	10 583	1 481	43 807	3,38	0,70	0,86	0,50	1,61
1898	10 626	2 078	49 299	4,22	0,98	0,98	0,56	1,78
1899	10 749	2 094	49 737	4,21	0,98	0,99	0,71	2,26
1900	10 930	2 191	51 952	4,23	1,03	1,03	0,83	2,66
1901	11 085	2 164	54 773	3,95	1,02	1,08	0,93	2,98
1902	11 292	2 557	54 885	4,66	1,20	1,09	0,94	3,02
1903	11 430	2 965	54 160	5,47	1,40	1,07	1,01	3,24
1904	11 537	3 081	55 328	5,57	1,45	1,10	1,13	3,62
1905	11 590	3 645	54 375	6,73	1,72	1,08	1,26	4,05
1906	11 726	4 184	54 666	7,65	1,97	1,09	1,43	4,57
1907	12 263	4 258	60 296	7,06	2,01	1,20	1,60	5,14
1908	13 082	3 607	63 209	5,71	1,70	1,25	1,78	5,70
1909	13 639	4 077	67 202	6,07	1,92	1,34	1,77	5,68
1910	—	—	—	—	—	—	1,76	5,63

$$x = F \cdot v$$

$$F = \frac{200}{27} \cdot \frac{B_{1890}}{C_{1890}}$$

$$B_{1890} = 2121$$

$$C_{1890} = 50\,314$$

$$v_n = (b_{n-3} + b_{n-2} + b_{n-1}).$$

Tabelle IX.

Die Gruppen 8 und 9, die zweckmäßigerweise zusammenbehandelt werden, da ihre Kurven dieselben Charakteristiken zeigen, umfassen, und zwar erstens VIII: Missouri (teilweise), Arkansas, Kansas, Indianerland, Colorado (teilweise), New Mexiko, und zweitens IX (siehe Seite 44): Louisiana, Texas und einen Teil von New Mexiko. In beiden Gruppen zeigt b eine ungewöhnliche Unregelmäßigkeit, und zwar Ausschläge im Blatte der Gruppe 9, die jede Regelmäßigkeit vermissen lassen. Durch die Unzuverlässigkeit der Reinerträge wäre eine Anpassung von c an eine Durchschnittsnorm von der größten Wichtigkeit, statt dessen aber ist, wie d es ausweist, eine ausreichende Verzinsung nur im Falle einer Hochkonjunktur denkbar. Hier ist wieder ein Fall gegeben, wo eine amtliche Kapitaleinschränkung durchaus am Platze wäre. Der Wert der Formel tritt auch hier wieder klar hervor, da das unendlich mannigfaltige Zickzack von b in beiden Fällen in eine gleichmäßig verlaufende Kurve umgeformt wird. Die Verzinsung dieses theoretischen Kapitals würde bei Rückstellung reichlicher Überschüsse aus Maximaljahren auch in Minimaljahren nicht schwer fallen. Jedenfalls ist festzustellen, daß der wirtschaftliche Zustand dieser Gruppen nicht durch Ausnahmeumstände ungünstig beeinflußt ist, da b einen im ganzen normalen Verlauf mit steigender Tendenz, wie in den anderen Gruppen, aufweist. Um dies zu zeigen, seien gegenübergestellt die Differenzen der b-Werte 1907 bis 1894 für die Union, für Gruppe 7 und für diese beiden Gruppen, man erhält dann folgende Zahlen: die Union = 0,76; Gruppe 7 = 1,48; Gruppe 8 = 1,15; Gruppe 9 = 0,92, also war der Aufschwung der Gebiete größer als der Landesdurchschnitt.

Absolute Werte von A, B, C und d und die Werte der Kurven b, c und x der Gruppe VIII.

Jahr	A in Meilen	B in Dollar	C in Dollar	d = B in % von C	b	c	x	v
1890	20 335	1 443	49 461	2,91	1,00	1,00	—	—
1891	20 776	1 372	53 258	2,57	0,95	1,07	—	—
1892	21 067	1 572	59 595	2,64	1,09	1,20	—	—
1893	21 387	1 584	56 955	2,73	1,09	1,11	0,66	3,04
1894	21 815	1 120	58 232	1,92	0 77	1,18	0,68	3,13
1895	22 024	1 176	58 610	2,00	0,81	1,19	0,64	2,95
1896	22 450	1 232	57 596	2,09	0,85	1,16	0,58	2,67
1897	22 755	1 268	56 955	2,23	0 88	1,15	0,53	2,43

Jahr	A in Meilen	B in Dollar	C in Dollar	d = B in % von C	b	c	x	v
1898	23 038	1 687	56 650	2,98	1,16	1,14	0,55	2,54
1899	23 550	1 682	57 254	2,94	1,16	1,15	0,62	2,89
1900	23 775	1 946	60 324	3,23	1,34	1,22	0,69	3,20
1901	24 415	2 332	60 423	3,86	1,61	1,22	0,79	3,66
1902	25 561	2 401	62 800	3,82	1,66	1,27	0,89	4,11
1903	27 221	2 296	63 650	3,60	1,60	1,29	1,00	4,61
1904	29 609	2 077	61 652	3,37	1,44	1,24	1,06	4,88
1905	30 184	2 056	62 541	3,29	1,42	1,26	1,02	4,70
1906	31 124	2 325	62 694	3,71	1,61	1,27	0,96	4,46
1907	31 857	2 775	61 924	4,48	1,92	1,25	0,96	4,47
1908	32 279	2 217	65 480	3,39	1,54	1,32	1,07	4,95
1909	32 450	2 323	65 520	3,55	1,61	1,32	1,10	5,07
1910	—	—	—	—	—	—	1,10	5,07

$$x = F.v$$
$$F = \frac{200}{27} \cdot \frac{B_{1890}}{C_{1890}}$$
$$B_{1890} = 1\,443$$
$$C_{1890} = 49\,461$$
$$v_n = (b_{n-3} + b_{n-2} + b_{n-1}).$$

Tabelle X.

Diese Gruppe mit den Staaten Kalifornien, Oregon, Washington, Idaho, Nevada, Arizona, Utah und New Mexiko (teilweise) gehört im selben Sinne organisch mit Gruppe 7 zusammen, wie 8 mit 9. Aus den bedenklichen Zuständen der 90er Jahre, fast keine Rentabilität und starke negative Differenz von x—c, ist infolge der Arbeit von Harriman, der $^9/_{10}$ dieser Bahnen beherrschte, ein Zustand hervorgegangen, der als durchaus befriedigend bezeichnet werden muß. Ohne Eingriffe, bloß durch Reinertragssteigerung ist x endlich sogar über c gestiegen. Es zeigt sich aber auch hier wieder, daß, wenn die guten Jahre der letzten Zeit keine Hilfe gebracht haben, wohl an eine Sanierung aus eigener Kraft nicht gedacht werden kann; denn in diesem ausgesprochen ungünstigen Falle kam der Einfluß der Persönlichkeit als förderndes Element hinzu. Die x-Kurve zeigt in diesem Falle in hervorragendem Maße ihre Bedeutung als Ausgleichsbedingung bei ungleichmäßiger Zunahme von b, indem die Schwankungen in ein stetiges Steigen umgesetzt werden, aus dem zuverlässige Schlüsse über die Entwicklungstendenz des Wirtschaftsgebietes gezogen werden dürfen.

Absolute Werte von A, B, C und d und die Werte der Kurven b, c und x der Gruppe IX.

Jahr	A in Meilen	B in Dollar	C in Dollar	d = B in % von C	b	c	x	v
1890	9 854	1 053	46 691	2,25	1,00	1,00	—	—
1891	10 173	974	54 153	1,80	0,92	1,16	—	—
1892	10 443	973	54 987	1,77	0,92	1,18	—	—
1893	10 779	1 001	54 995	1,82	0,95	1,18	0,47	2,84
1894	10 777	935	52 638	1,78	0,88	1,12	0,46	2,79
1895	11 015	1 282	51 036	2,51	1,21	1,09	0,46	2,75
1896	11 196	912	47 100	1,94	0,96	1,01	0,51	3,04
1897	11 265	1 032	48 352	2,13	0,98	1,03	0,49	2,95
1898	11 307	1 253	47 870	2,62	1,19	1,02	0,51	3,05
1899	11 813	1 399	46 416	3,01	1,33	0,99	0,51	3,03
1900	12 232	1 230	44 378	2,77	1,16	0,95	0,58	3,50
1901	12 740	1 801	43 482	4,14	1,71	0,93	0,60	3,68
1902	13 634	1 441	41 519	3,47	1,57	0,88	0,70	4,20
1903	14 571	1 189	40 412	2,94	1,13	0,86	0,71	4,24
1904	15 187	1 309	39 796	3 29	1,24	0,85	0,70	4,21
1905	15 594	1 480	39 968	3,70	1,41	0,86	0,62	3,74
1906	16 136	1 533	41 036	3,74	1,46	0,88	0,63	3,78
1907	17 010	1 900	38 032	5,00	1,80	0,82	0,69	4,11
1908	17 776	1 088	42 197	2,58	1,03	0.90	0,76	4,67
1909	18 163	1 575	43 253	3,64	1,50	0,93	0,72	4,29
1910	—	—	—	—	—	—	0,72	4,33

$$x = F \cdot v$$

$$F = \frac{200}{27} \cdot \frac{B_{1890}}{C_{1890}}$$

$$B_{1890} = 1\,053$$

$$C_{1890} = 46\,691$$

$$v_n = (b_{n-3} + b_{n-2} + b_{n-1}).$$

Tabelle XI.

Absolute Werte von A, B, C und d und die Werte b, c und x für die Kurven der Gruppe X.

Jahr	A in Meilen	B in Dollar	C in Dollar	d = B in % von C	b	c	x	v
1890	12 160	1 965	87 104	2,25	1,00	1,00	—	—
1891	12 878	2 143	83 759	2,55	1,09	0,96	—	—
1892	13 228	2 099	84 836	2,47	1,07	0,97	—	—
1893	13 658	1 926	83 212	2,31	0,98	0,95	0,53	3,16
1894	14 261	1 448	82 558	1,79	0,73	0,94	0,52	3,14
1895	14 486	1 332	84 451	1,58	0,68	0,97	0,46	2,78
1896	14 607	1 489	77 404	1,92	0,76	0,88	0,40	2,39
1897	14 799	1 604	78 773	2,04	0,87	0.90	0,36	2,17
1898	15 058	2 122	74 107	2,86	1,08	0,85	0,39	2,31
1899	15 348	2 156	74 059	2,91	1,09	0,85	0,45	2,71
1900	15 889	2 805	78 806	3,56	1,47	0,90	0,51	3,04
1901	16 187	2 920	81 664	3,58	1,48	0,94	0,61	3,64
1902	16 819	3 287	81 239	4,05	1,67	0,93	0,68	4,04
1903	17 370	3 457	80 492	4,30	1,75	0,92	0,77	4,62
1904	17 869	3 494	80 058	4,36	1,78	0,92	0,82	4,90
1905	18 555	3 559	83 336	4,27	1,81	0,96	0,87	5,20
1906	19 591	4 166	83 789	4,86	2,12	0,96	0,89	5,34
1907	20 553	4 507	87 912	5,13	2,29	1,01	0,95	5,71
1908	21 707	4 034	89 988	4,38	2,05	1,03	1,04	6,22
1909	23 100	4 412	91 896	4,80	2,25	1,04	1,08	6,46
1910	—	—	—	—	—	—	1,10	6,59

$$x = F \cdot v$$

$$F = \frac{200}{27} \cdot \frac{B_{1890}}{C_{1890}}$$

$B_{1890} = 1\,965$

$C_{1890} = 87\,104$

$$v_n = (b_{n-3} + b_{n-2} + b_{n-1}).$$

Ergebnisse der Untersuchung.

I. Teil.

I. Durch passende Umformung können die gegebenen Zahlen für Reinertrag und Kapitalisierung zusammen bildlich dargestellt werden.

II. Die Darstellung läßt den verschiedenartigen Verlauf von natürlichen und absichtlichen Tiefpunkten erkennen.

III. Aus dem Reinertrage in Einheitszahlen läßt sich aus dem Durchschnitt dreier Jahre eine Kurve der normalen Maximalkapitalisierung für das Verkehrsgebiet berechnen.

IV. Diese Kurve ist praktisch brauchbar, da sie sich der fortschreitenden Entwicklung des Reinertrages anpaßt, ohne aber von den einzelnen Jahresdifferenzen stark beeinflußt zu werden.

V. Ist ein Ausgleich einer negativen Differenz zwischen Maximal- und Kapitalkurve in den letzten Jahren nicht möglich gewesen, so ist eine Zwangssanierung des Unternehmens durch gerichtliche Aktienzusammenlegung geboten.

VI. Übersteigt die positive Differenz der beiden Kurven etwa 10 %, so ist ein Tarifausgleich angezeigt.

Additional information of this book

(Die Maximalkapitalisierung der nordamerikanische Eisenbahnen, dargestellts als Funktion des durchschnittlichen Reinertrages; 978-3-662-24047-2) is provided:

II. Teil:

Einzelne Gesellschaften.

Einleitung.

Um den Beweis zu führen, daß die von uns in dem ersten Abschnitt angewandte Methode nicht nur für die Berechnung der Finanzverhältnisse von Gruppen verschiedenartiger Bahnen, sondern auch für einzelne Unternehmungen benutzt werden kann, sind die Betriebsergebnisse von vier Gesellschaften für die Jahre 1900—1911 und 1904—1911 genau nach demselben Grundsatze ausgezogen, wie die amtlichen Berichte. Es sind die Ergebnisse der:

1. Baltimore and Ohio Railroad Company,
2. Chicago Rock Island and Pacific Railway Company,
3. St. Louis and San Francisco Railroad Company,
4. Union Pacific Railroad Company,

wie sie von den vier Gesellschaften im „Economist“ (London) veröffentlicht worden sind in der Form eines Auszuges aus dem Jahresbericht, für unsere Berechnungen der Einheitszahlen zugrunde gelegt worden.

§ 1.

a) Zur Kritik des Urmaterials.

Das Urmaterial, das in diesen Berichten im „Economist“ vorliegt, deckt sich zahlenmäßig vollkommen mit den Angaben, die dem Bundesamte gemacht werden müssen, ist also als eine nächstmögliche Annäherung an die genaue Wahrheit auf diesem Gebiete anzusehen. Jedoch dürfen zwei Gesichtspunkte bei der Benützung dieses Materials nicht übersehen werden, die geeignet sind, die Richtigkeit der Angaben in Frage zu stellen, nämlich erstens die Stellung der Gesellschaft zum Bundesamte und zweitens ihr zukünftiges Anleihebedürfnis. Ihr Einfluß konnte bei der Betrachtung der Bezirksergebnisse ohne weiteres als von den Bestandteilen unter sich ausgeglichen angesehen werden, was aber im Falle der einzelnen Einheit nicht statthaft ist, vielmehr werden wir stets zu berücksichtigen haben, ob eine ungewöhnliche Gestaltung der Kurven auf solche eigentümlichen Ursachen zurückgeführt werden muß. Die Stellung zum Bundesamte, der maßgebenden verwaltungsgerichtlichen Instanz im Tarifwesen, kann in zweierlei Beziehung zu Bilanzschiebungen Anlaß geben, indem entweder die Betriebsreineinnahmen künstlich gedrückt werden, um dadurch eine Tarifermäßigung zu vereiteln. oder man sucht das Kapitalkonto künstlich, d. h. über das notwendige wirtschaftliche Maß hinaus, in die Höhe zu treiben, um damit nachzuweisen, daß eine Tariferhöhung „billig" im Sinne des Gesetzes sei. Ist es doch nur die Aufgabe des Bundesamtes, zu prüfen, ob ein Tarif einen „fair return on invested capital" gewährt, nicht aber, ob dieses Kapital auch den wirtschaftlichen Aufgaben der Verkehrsanstalt entspricht. Ferner ist zu beachten, daß wiederholt in der Finanzgeschichte amerikanischer Eisenbahnen künstliche Aufstellungen von Bilanzen stattgefunden haben, um die Kauflust des Publikums für vorbereitete Anleihen oder Aktienausgaben anzuregen. Es werden dann alle Ausgaben für Unterhaltung und Verbesserungen möglichst eingeschränkt, damit die Betriebsreineinnahmen ein besonders glänzendes Zeugnis von der wirtschaftlichen Gesundheit des Unternehmens ablegen sollen. Jedenfalls muß man plötzliche Schwankungen in den Kurven, die nicht auf künstliche oder natürliche Wirtschaftskrisen zurückzuführen sind, auf eine der beiden obigen möglichen Ursachen prüfen. Aber zu viel Gewicht braucht man diesen Einflüssen schon deswegen nicht beizulegen, da die Wirkung ja durch den bestimmenden Durchschnittsfaktor mit 3 geteilt wird. Bei der Besprechung des Kurvenverlaufes für die einzelnen Gesellschaften wird, falls nötig, eine solche Einwirkung gewürdigt werden.

b) Die Gesellschaften als wirtschaftliche Typen.

Die vier Gesellschaften vertreten, jede für sich, eine ausgesprochene Art des Privatunternehmens, das in dem Eisenbahnwesen tätig ist. Die Baltimore and Ohio ist eine alte Gesellschaft, die für sich steht und von keinem finanziellen Hintermanne ausschlaggebend geleitet wird. Der größte Teil der Aktien ist in Händen des Publikums, ein kleiner Teil ist im Besitz der Union Pacific und der Pennsylvaniabahn (Publikum [Bahnen zusammen] = 13 : 8), auch ein Zusammenwirken beider Bahnen ist also keine herrschende Mehrheit im Sinne der amerikanischen Aktiengesetzgebung.[1]) Die Chicago Rock Island ist ein in sich abgeschlossenes

[1]) Inzwischen hat die Pennsylvania-Bahn ihre Baltimore-Aktien gegen Southern Pacific-Aktien im Besitze der Union Pc. umgetauscht, also sind dieselben nun Eigentum der Union Pc.

System, das durch zwei Holdingcompanies, das sind Aktienverwaltungsunternehmen, hindurch von der Finanzgruppe Reid-Moore beherrscht wird, die beiden Stützen Reid und Moore bekunden ihre Stellung offen durch die Übernahme der Geschäftsleitung der drei Unternehmen, nämlich der beiden Zwischenglieder und des Systems.

Derselben Finanzleitung bei getrennter Geschäftsführung gehörte die St. Louis San Francisco an. Im Jahre 1909 wurde sie an das Hawley-System abgetreten. Sowohl als Reid-Moore- wie auch als Hawley-Bahn ist dieses Unternehmen stets ein Musterbeispiel eines Gliedes eines schwachen Systems gewesen, denn Stammaktiendividenden wurden nie gezahlt.[1]) Ihr nächster Nachbar, die Union Pacific, ist dagegen der vollendete Vertreter eines Gliedes einer einheitlichen, straffen Organisation auf starker wirtschaftlicher Grundlage. Diese Gesellschaft ist nicht der größte, aber verkehrstechnisch der wichtigste Bestandteil des Harriman-Systems. Das ganze System wird von den Testamentsvollstreckern des verstorbenen Eisenbahnmagnaten im Interesse des jungen Sohnes verwaltet. Fassen wir unsere Angaben zusammen, so ergibt sich, daß diese Gesellschaften folgende Arten vertreten:

1. Unabhängiges Unternehmen (Baltimore and Ohio).
2. Abgeschlossenes System (Chicago Rock Island).
3. Glied eines schwachen Systems (St. Louis San Francisco).
4. Glied eines starken Systems (Union Pacific).

Bei diesen Bahnen finden wir alle möglichen Formen, mit Ausnahme der Neben- oder Kleinbahn, die außerhalb des Rahmens unserer Untersuchung liegt, da es durchaus fraglich ist, ob auch dort dieselben wirtschaftlichen Abhängigkeiten wirken, die hier die Bildung des sachlichen Kapitalmaßes ermöglichten.

Um dem Einwand zu begegnen, man vergleiche ungleichartiges infolge der Größenverschiedenheit der vier Gesellschaften, muß hervorgehoben werden, daß die Unterschiede der Netzlängen zu unerheblich sind, um die verhältnismäßigen Betriebskosten, also bezogen auf die Betriebsmeile, ernstlich zu beeinflussen. Wie haltlos dieser Einwand ist, geht schon daraus hervor, daß sowohl die Preußisch-Hessische Staatsbahn mit rund 40 000 km, als auch das um das zehnfache kleinere Schweizer Bundesbahnsystem ähnliche günstige Abschlüsse erzielen. Auch die Angaben über unsere Bahnen widerlegen eine solche Behauptung, indem der Betriebskoeffizient der verglichenen Bahnen für die Jahre 1911 bis

[1]) Im Juni 1913 stellte die Gesellschaft ihre Zahlungen ein und wird seitdem gerichtlich verwaltet.

1909 sich durchschnittlich (nach dem Jahrbuch amerikanischer Eisenbahnen) wie folgt gestaltete:

	Betriebslänge Meilen	Betriebskoeffizient
Baltimore and Ohio	4 290	69,05 %
St. Louis San Francisco	5 111	67,72 „
Union Pacific	6 345	52,06 „
Chicago Rock Island	8 032	71,23 „ .

Aus beiden Beispielen geht hervor, daß die Wirtschaftlichkeit des Betriebes keine Bedingung seines Umfanges ist, sondern vor allem aus der obigen Tabelle ersieht man, daß die Betriebsergebnisse des größten und kleinsten Unternehmens sich verhältnismäßig am nächsten berühren. Wenn alle anderen Umstände in der Betriebsführung der verglichenen Unternehmen gleicher Güte sind, dürfte erst die Netzgröße entscheidend mitsprechen.

c) Die Verkehrsbestandteile.

Von größerer Bedeutung für die Vergleichbarkeit der Betriebseinnahmen ist jedoch der Charakter und das zahlenmäßige Verhältnis der Verkehrsbestandteile der Gesellschaften. Es müssen doch die Betriebseinnahmen um so gleichmäßiger ausfallen, je mehr ein annähernd gleich großer Bestandteil oder mehrere solcher Bestandteile im Gesamtverkehr überwiegen. Zu diesem Zwecke wollen wir zunächst für die Jahre 1909—1911 nach dem Jahrbuche amerikanischer Eisenbahnen das Verhältnis von Tonnenmeilen zur Personenmeile vergleichen und dann ferner das Verhältnis der verfrachteten Tonnenzahl der Erzeugnisse des Ackerbaues, des Bergbaues und der Industrie (Fabrikate) für die Jahre 1911 und 1910.

Baltimore and Ohio: (Verhältnis der Personenmeilen zu den Gütertonnenmeilen 1909—1911) 7 : 93; 8 : 120; 8 : 117,

(Verhältnis zu einander der obigen 3 Frachtbestandteile 1911, 1910) 3,3 : 39,5 : 9,7; 3,2 : 40,8 : 10,6,

(Summe aller Frachtgüter) 60,5; 62,8,

(Summe der drei Bestandteile) . . . . 52,5; 54,6.

St. Louis San Francisco: (Verhältnis der Personenmeilen zu den Gütertonnenmeilen 1909—1911) 4,7 : 25,2; 4,8 : 28,3; 5,1 : 26,8,

(Das Verhältnis der obigen Frachtbestandteile 1911, 1910) 2,8 : 6,6 : 2,7 2,6 : 7,2 : 2,8,

(Summe aller Frachtgüter) 17,1; 17,8,

(Summe der drei Bestandteile) . . . . 12,1; 12,6.

Union Pacific: (Verhältnis der Personenmeilen zu den Gütertonnenmeilen 1909—1911) 8 : 52,6; 9,6 : 60; 9,3 : 58,

(Verhältnis der drei Bestandteile 1911, 1910) 3,8 : 5,3 : 2,1; 3,6 : 5,2 : 2,1;

(Summe aller Frachtgüter) 15,6; 15,3,

(Summe der drei Bestandteile) . . . . 11,2; 10,9.

Chicago Rock Island: (Verhältnis der Personenmeilen zu den Gütertonnenmeilen 1909—1911) 9,5 : 41,6; 10,1 : 45,7; 10,1 : 47,2,

(Verhältnis der drei Bestandteile 1911, 1910) 4,9 : 5,6 : 3,5; 4,2 : 6,1 : 3,7

(Summe aller Frachtgüter) 19,1; 19,2,

(Summe der drei Bestandteile) . . . . 14,0; 14,0.

Aus diesen Zahlenreihen geht hervor, daß bei allen vier Gesellschaften das Verhältnis der gefahrenen Personenmeile zur beförderten Gütertonnenmeile fast gleich geblieben ist für die drei Jahre 1909—1911. Ferner beweist die Angabe über das gegenseitige Verhältnis der Hauptverkehrsbestandteile das Vorhandensein eines großen festen Kernes im Güterverkehr, dessen Maß für jede Gesellschaft für sich wiederum unveränderlich ist. Da das Verhältnis von Personenverkehr zum Güterverkehr und das Verhältnis eines festen Bestandteiles im Güterverkehr zum Gesamtgüterverkehr feststeht, ist die ökonomisch logische Vergleichbarkeit der Gesellschaften untereinander festgestellt und vor allem nachgewiesen, daß dieselben freien Größen (4½ % und 3 Jahre) der Bestimmungsmethode angewandt werden dürfen.

§ 2.

Die Art der Zahlen.

Zu den Tabellen für die Gesellschaften sind die Zahlen für Kapitalisierung und Betriebsreineinnahmen direkt den Jahresberichten entnommen. Die entsprechenden Relativzahlen, bezogen auf die Meile, sind mit B und C der Gruppen identisch und wurden durch Berechnung unter Zugrundelegung der im Betriebsjahre durchschnittlich betriebenen Meilenzahl gewonnen. Die Werte der amtlichen Gruppen für A und die entsprechenden Werte für die Gesellschaften decken sich also nicht. Es bezieht sich der Gruppenwert auf die betriebene Meilenzahl am letzten Tage des Betriebsjahres (30. Juni 1910), während der A-Wert für die Gesellschaften sich auf die Zahl der durchschnittlich täglich betriebenen Meilen bezieht. Was die Beobachtungsdauer unserer Fälle anbelangt, so ist diese in zwei Fällen 12 Jahre, in einem Falle 11 Jahre und in einem weiteren Falle 8 Jahre. Die beiden längsten Beobachtungszeiten von je 12 Jahren beziehen sich auf die Union Pacific und die St. Louis und San Francisco, die 11 jährige auf die Baltimore and Ohio und die kurze 8 jährige auf die Chicago and Rock Island. Die ersten drei Bahnen können also, was Kurvenverlauf anbetrifft, durchaus miteinander verglichen werden, da ein einjähriger Unterschied in der Beobachtungsdauer die Beurteilung eines Unternehmens nicht beeinflussen kann. Auf die Bedeutung der Rock Island Bahn für diese Versuche wird bei der Besprechung der einzelnen Bahnen einzugehen sein.

Für die Zwecke dieser Untersuchung war es unbedingt notwendig, nicht weiter rückwärts als bis 1900 zu gehen, da nach dem Urteil Sachverständiger die Periode 1894—1899 keinen klaren Überblick ermöglicht über die Gestaltung und Ausdehnung unserer Systeme. Vielmehr ist jene Sanierungsperiode durch den häufigen Wechsel von Eisenbahneigentum ausgezeichnet, wodurch es fast unmöglich wird, festzustellen, aus welchen Bestandteilen ein Unternehmen zu einer bestimmten Zeit sich zusammensetzt. Es wird dadurch fast unmöglich, einen zuverlässigen Wert für A zu finden. In jener Zeit wurden viele Bestandteile von zahlungsunfähigen Systemen auf Anordnung der betreffenden Bundesrichter abgestoßen und sofort von zahlungsfähigen Konkurrenten aufgenommen, die sie dann ihrerseits wieder aufgaben, wenn sich die Betriebsgemeinschaft entweder nicht lohnte oder nach der Shermanakte als Verstoß gegen den Grundsatz des freien Wettbewerbes von den Justizbehörden angefochten wurde. Durch diese finanztechnischen Verwicklungen ist es ganz ausgeschlossen, zweifelsfrei zu entscheiden, inwiefern eine bestimmte Meilenzahl auf die Betriebsreineinnahmen von Einfluß gewesen ist, da häufig die Reineinnahmen des Zuwachses nicht der betreibenden Bahn, sondern der Konkursmasse der übernommenen oder der abstoßenden Bahn zugute kamen. Sucht man nun aus den Betriebsergebnissen b und c zu berechnen, so wendet man in einem obigen Falle einen falschen Nenner an, wodurch das Kurvenbild vollständig verzerrt wird.

Diese Umstände der Krisenlage sind für die Gruppenwerte bedeutungslos, da hierbei nur die in einem bestimmten geographischen Gebiete entstandenen Werte zur Feststellung gelangen ohne Berücksichtigung der privatwirtschaftlichen Verteilung. Bei der Untersuchung der Verhältnisse der Gesellschaften hat man es aber nicht mit bloßen wirtschaftlichen Tatsachen, sondern gleichzeitig mit privatwirtschaftlichen Rechtsgütern zu tun, deren Verteilung oder in diesem Falle deren Erscheinen auf der Gewinnseite der Bilanz durch rechtliche Vorgänge verhindert werden kann. Es ist also stets darauf Bedacht zu nehmen, ob die Angaben der Gesellschaften auch den wirtschaftlichen Tatbestand darstellen. Darum ist es auch unbedingt erforderlich, solche Gesellschaften zu wählen, die geeignet sind, diese Tatsachen unmittelbar festzustellen. Ausgeschlossen sind offene und versteckte Holding companies, die ihre Einnahmen in der Form der Dividende auf Aktienbesitz empfangen. Eine Gesellschaft in unserem Sinne ist also eine reine Betriebsgesellschaft, die wohl Aktien besitzen kann, aber deren Einnahmen nicht mit der Betriebsrechnung verquickt sind, sondern bei der Berechnung von b unberücksichtigt bleiben.

Nach einer schon lange in Kraft befindlichen Bestimmung des Bundesamtes sind bei der Aufstellung der Soll- und Habenrechnung Effektenbesitz und ein entsprechender Teil des ausgegebenen Kapitals bei Ausgabe von Collateral Trust Bonds auszuschließen oder auszugleichen (contra accounts). Dies kann um so leichter geschehen, da in fast allen bedeutenden Fällen der Effektenbesitz aus dem Erlös einer Ausgabe von Collateral Trust Bonds erworben worden ist. Diese Collateral Trust Bonds sind Obligationen, die ein Vorrecht in bezug auf Kapitalsumme und Zinsenertrag an solchen Effekten haben, die als Sicherheit für diese Verpflichtung deponiert sind. Nach obiger Vorschrift werden nun diese Soll- und Habenposten ausgeschaltet, um eine klare Betriebsrechnung einheitlich durchzuführen.

Das jeweilige Meilenkapital wurde gewonnen, indem der Nennwert aller Kapitalverbindlichkeiten, also Bonds, Vorzugsaktien und Stammaktien, die bis zum Ende des Betriebsjahres ausstehend waren, durch die Meilenzahl dividiert wurde. Alle schwebenden Schulden wurden ausgeschlossen, da es unmöglich ist, genau nachzuweisen, ob die entsprechenden Ausgaben auf Kapital- oder Betriebskonto verbucht werden müssen. Geschieht es doch häufig, daß eine Gesellschaft in einem Jahre, wo Arbeitskräfte und Stahlschienen billig sind, große Strecken mit neuen Schienen ausstattet, vielleicht zu einem Gesamtbetrage des Vier- oder Fünffachen des jährlichen Erneuerungsfonds. Um die billige Konjunktur nun sofort auszunutzen, gibt die Gesellschaft für den Teil der Ausgaben, der in dem Jahre nicht aus laufenden Mitteln gedeckt werden kann, sogenannte short time notes aus, die alsdann zu ihrem Fälligkeitszeitpunkt aus den zurückgelegten Erneuerungsbeträgen der Betriebsjahre eingelöst werden. In diesem Falle wäre es unsinnig, diese short time notes, die eine Bevorschussung eines Teils der Reineinnahmen darstellen, dem Anlagekapital zuzurechnen. Eine andere Benutzung der schwebenden Schuld ist die Aufnahme von kleineren Beträgen von Baugeldern, die dann später durch Kapitalausgaben ersetzt werden sollen. Da es nun aber unmöglich ist, einer Serie von short time notes anzusehen, wozu sie bestimmt ist und was damit am Fälligkeitstage geschehen wird, so muß sie bei der Berechnung des Anlagekapitals ausgeschlossen werden. Die Betriebsreineinnahmen für die Meile ergaben sich bei der Division des operating income durch die Meilenzahl. Auch bei den Gesellschaften haben wir die Steuern und das Einkommen der Nebenbetriebe ausgeschlossen, da diese Beträge aus Gründen, die wir schon im ersten Teile anführten, geeignet sind, die Vergleichbarkeit zu stören.

§ 3.

St. Louis and San Francisco Cy.

Um die Kurven der Gesellschaften und den Verlauf von x beurteilen zu können, ist es notwendig, in kurzen Zügen die Geschichte der vier Unternehmen zu betrachten. Die St. Louis and San Francisco Railroad Company wurde 1896 in Missouri zur Übernahme der Aktiven der S. L. S. F. Railway Company eingetragen. Jene zusammengebrochene Railway Company hatte von Anfang an, da ihr Hauptverkehrsgebiet, die Strecken St. Louis—Kansas City und St. Louis—Oklahama, im Wettbewerb standen, mit großen finanziellen Schwierigkeiten zu kämpfen, die um so bedeutender waren, als die Länge (1890 erst 1329 Meilen) eine unabhängige Stellung außerordentlich erschwerte. Diese alte Gesellschaft war also darauf angewiesen, den finanziellen und verkehrstechnischen Anschluß an ein großes System zu suchen. Damit diese Suche nach einem „großen Bruder“ von Erfolg sein konnte, war es notwendig, irgendeinen wertvollen Vorzug zu haben. Dieser war nun in jener Zeit (1878—1880) eine Konzession für den Bau einer Überlandbahn (es war damals nur die Union-Central-Pacific-Bahn in Betrieb). Unsere Gesellschaft suchte also nach einer solchen Konzession, und zwar für eine Tochtergründung, die Atlantic and Pacific. Diese Gesellschaft, die infolge der Schwäche der S. L. S. F. nie imstande gewesen wäre, den Bau einer großen Linie durchzuführen, wurde plötzlich für die Muttergesellschaft von großem Werte, als die reiche Atchisongesellschaft, damals eine Getreidebahn in Kansas, von dem Ausdehnungsfieber jener Zeit ergriffen wurde und schleunigst eine Verbindung zum Stillen Ozean schaffen wollte. Da in den Einzelstaaten der Union die Erlangung einer Konzession außerordentlich kostspielig und sehr zeitraubend ist, so versucht ein solches Unternehmen zuerst ein schwaches Unternehmen zu finden, das schon im Besitze einer derartigen oder ähnlichen Konzession ist, um dieses alsdann dem Systeme anzugliedern. Unter diesen Umständen war die Atchison 1879 bereit, mit der Muttergesellschaft wegen der wirklichen Ausnützung der Konzession der Tochtergesellschaft zu unterhandeln. Sie kamen überein, daß die Atchison eine Teilhaberschaft (half interest) in der Konzession erhalten würde, wofür sie sich verpflichtete, die Zinsen für die halben Baukosten zu tragen. Der Vorstand sollte aus einer gleichen Anzahl Atchison- und S. L. S. F.-Vertretern bestehen. Hierdurch war der neuen Linie der Überlandverkehr des Atchisonsystems gesichert, ohne daß sie den Reingewinn mit dem großen Systeme teilen mußte.

Welche Bedeutung diese Anlehnung für die Muttergesellschaft hatte, geht daraus hervor, daß sie schon im Jahre 1881 von Gould, dem Besitzer der Texas Pacific, und Huntington, dem Besitzer der Southern Pacific, gemeinsam kontrolliert wurde. Diese beiden Magnaten fürchteten nämlich für ihre Bahnen den Wettbewerb der Atlantic and Pacific und hofften durch Beherrschung der Muttergesellschaft, den Bau zu verhindern. Dieses Vorhaben gelang nicht, da die Atchisonvertreter rücksichtslos ihre Stellung in der gemeinsamen Zweiggesellschaft behaupteten, und es kam 1884 zu einem Vergleiche, wobei sich Gould und Huntington für die Aufgabe ihres Widerstandes gut bezahlen ließen, und zwar zu gleichen Teilen aus den Kassen der Atchison und der S. L. S. F. Obwohl dieser Angriff auf die Interessengemeinschaft abgeschlagen war, besserte sich der Zustand der Muttergesellschaft doch nicht genügend, um ihr ein unabhängiges Gedeihen zu ermöglichen, sondern entweder mußte die Atchison sich darauf gefaßt machen, daß ständig die verschiedensten Kräfte spekulativer Natur sich um das Unternehmen drängten, oder sie mußte sich dazu entschließen, das Netz zu erwerben.

Das letztere geschah nun in aller Eile im Jahre 1890. Den eiligen Kauf sollte die Atchison lange bereuen, denn dabei war ein Preis bezahlt worden, der in keinem Verhältnis zum inneren Wert des Unternehmens stand. Vielmehr stellte sich nach Jahresfrist heraus, daß die verschmolzenen Unternehmen wohl geeignet waren, den Wettbewerb im Überlandverkehr durchzuführen, aber nur unter der Bedingung, daß große Kapitalsummen in das verwahrloste Unternehmen (die S. L. S. F.) eingebracht wurden. Es geschah dies auch durch die Ausgabe einer Obligationenanleihe, wovon ein großer Teil von der Atchisonbahn übernommen wurde. Aber dieses neue Kapital brachte nicht die erhoffte goldene Zeit, denn beide Netze opferten in den Jahren 1890—1894 nach dem Berichte des Bücherrevisors Little 3 906 656 $ an Refaktien (Gesamtsumme der Reineinnahmen beider Bahnen in Maximum geschätzt für dieselbe Zeit 35 000 000 $), also rund 10 % ihrer Einnahmen. Die Folge dieses einen von vielen Mißgriffen war die Zahlungsunfähigkeit beider Bahnen, die Ende 1893 in die Hände der Konkursverwalter übergingen. Die Zwangsverwaltung dauerte bis 1896 für beide Bahnen, die dann getrennt wurden, und zwar so, daß die Atchison die Atlantic and Pacific mit ihrem neuen System vereinigte, während der alte Stamm des S. L. S. F.-Netzes einfach abgestoßen wurde, und zwar entwertet durch das Fehlen des transkontinentalen Gliedes.

Die alte Rail w a y Cy. wurde 1896 reorganisiert und tritt von dem Jahre an als Rail r o a d Cy. in Erscheinung. Ihre Länge beträgt 1100 Meilen gegen 1329 Meilen, als sie mit der Atchison verschmolzen wurde. Konnte sich 1890 das größere Netz nur unter Schwierigkeiten halten, so war das 7 Jahre später mit dem Bruchstück erst recht der Fall. Da das wirtschaftliche Ergebnis der Verschmelzung und Anlehnung so ungünstig ausgefallen, das heißt, die Gesellschaft ausgenutzt worden war, so beschloß die neue Leitung, die durch eingreifende Kapitalzusammenlegung sich in einigermaßen günstiger Lage befand, den Versuch zu machen, selbst ein abgerundetes System zu bilden. So sehen wir, wie in den Jahren 1900—1905 sich das Netz von 1400 auf 5030 Meilen vergrößert, und zwar durch Neubau, Verschmelzung, Pachtung und Angliederung durch Kontrolle. Selbständig betrieben und verwaltet, aber geleitet durch die S. L. S. F., gehörte die Chicago Eastern Illinois seit 1902 auch zum Konzern, ihre Zahlen sind aber nicht in unseren Tabellen enthalten.[1])

Obwohl es den Bemühungen der Leitung langsam gelang, ein System zustande zu bringen, so war der Erfolg vom Standpunkt des Aktionärs ausgeblieben, da nur die Vorzugsaktien Dividende erhielten (siehe Tabelle II S. 60.) Der hohe Überschuß, aus dem leicht in den Jahren 1901/02 2 % auf die Stammaktien hätten gezahlt werden können, war nicht geeignet, die Aktionäre für ihre Werte zu begeistern und zu veranlassen, sie als spekulative Anlagewerte im festen Besitze zu behalten. Sie sahen vielmehr, daß die Vorzugsaktien voll befriedigt wurden, und sie dafür leer ausgingen. Dieser Zustand war nun zwar nach der Aktiengesetzgebung durchaus in Ordnung, aber als die Stunde kam, wo die Aktionäre ihre bessergestellten Genossen schädigen konnten, taten sie es sofort. Diese Gelegenheit zur wirtschaftlichen Rache bot sich im Mai 1903, als das Rock-Island-Syndikat sich auf der Suche nach Anschlußlinien befand, die einseitig im Interesse der Chicago Rock Island ausgebaut und betrieben werden konnten. Ein solches Objekt war nun die neue S. L. S. F. Zu der Zeit bestand sie aus dem System (3675 Meilen) und der Chicago Eastern Illinois (etwa 900 Meilen), beide Bestandteile paßten gut zusammen und konnten für die Raubbauzwecke vorzüglich ausgenutzt werden. Da die Politik der Leitung eine günstige Stimmung für einen Aktientausch vorbereitet hatte, kam es nur auf das Angebot des Syndikats an, ob die Bahn wieder einem ähnlichen Schicksal entgegengehen sollte, wie seinerzeit im Atchisonsystem.

Das Angebot von Moore im Namen der Rock Island war überaus günstig, indem er für jede Aktie S.L.S.F. (Nennwert 100, Kurs 70—80) 60 $ in 5 % Gold-Bonds der Chicago Rock Island Railroad und $^6/_{10}$ Aktie der Rock Island Company bot. Legt man den Kursstand Ende 1902 zugrunde, so ergibt sich, daß für S. L. S. F. zu 70 geboten wurden 72 $ in Bonds und 24 $ in Aktien, also zusammen 96 $. Diese Berechnung wird gestützt durch die Tatsache, daß der höchste Kurs des Jahres 1903 der S. L. S. F. kurz vor dem Tausch 90½ betrug. Das Geschäft war für die vernachlässigten Aktio-

---

[1]) Nach Zeitungsberichten soll durch diese beherrschte Gesellschaft hindurch die alte traurige Schiebervergangenheit zu neuem Leben erweckt worden sein. Die Sanierung der S. L. S. F. dürfte wohl die Klärung dieser Frage bringen.

näre natürlich außerordentlich günstig und wurde von ihnen in der kürzesten Zeit durchgeführt. Am 1. Juli 1903, mit dem neuen Betriebsjahre, konnte die Rock Island die Leitung übernehmen. In zwei Jahren wurde die Erweiterung des Netzes auf 5030 Meilen durchgeführt und es blieb dann bis zum Ende der Rock-Island-Herrschaft fast unverändert (1910: 5072 Meilen).

Aber wie wandelten sich die finanziellen Geschicke des Unternehmens! Seit 1898 beginnend mit 1 % bis zum höchsten Satze von 4 % hatten die 2. Vorzugsaktien am Gewinn teilgenommen, bis sie 1905 vollständig übergangen wurden und bis heute nichts empfangen haben. Die Reineinnahmen für die Meile waren für die Jahre 1900—1903, 1904—1907, 1908—1911 im Durchschnitt wie folgt in Dollar: 2426, 2301, 2455, also war der Aufschwung des letzten Jahrzehntes, der sich in der ganzen Union ziemlich gleichmäßig geltend machte, scheinbar spurlos an der Gesellschaft vorbeigegangen. Dem war natürlich nicht so, sondern die Erweiterung des Netzes mit minderwertigen Strecken, die nur für die Rock Island im billigen Durchgangsverkehr als Verkehrszubringer (feeders) dienen sollten, entwerteten das alte Netz. Nichtsdestoweniger wurde dem Netz eine steigende Kapitalisation für die Meile von 42 850 $ im Jahre 1905 bis 56 540 $ im Jahre 1910 zugemutet, während die Anzahl der Meilen sich nur um 41,3 vergrößerte. Bei diesem Vergleich wäre es falsch, die Zahl für 1903 heranzuziehen, da diese offenbar einen starken Anteil unverbrauchtes Baukapital enthält. Die Erfolge der Rock-Island-Verwaltung seien kurz im folgenden zusammengestellt, und zwar für die Meile

1905:	Kapital	42,850 $;	Reineinnahme	2120 $
1910:	„	56 540 „ ;	„	2462 „ .

Die Kapitalwerte verhalten sich wie 1 : 1,30, die Reineinnahmen wie 1 : 1,16.

Offenbar liegt hier ein Fall vor, wo die Frage berechtigt ist nach der Verwendung des neuen Kapitals, da dieses nicht für Neubau (+ 41,3 Meilen) und nur zum geringen Teil für bessere Ausrüstung der Strecke Verwendung fand, da der jährliche Durchschnitt der Reineinnahmen für die Meile 1900—1904 2374 $ beträgt, während er für 1905—1910 bis 2366 $ fällt, also für Vergleichszwecke unverändert bleibt. Nachdem dieses Spiel mit der S. L. S. F. 7 Jahre gedauert hatte, entschlossen sich die Rock-Island-Direktoren, Ende 1909 den Besitz an S. L. S. F.-Stammaktien schleunigst zu verkaufen, da, wie es von ihrer Seite hieß, Zweifel entstanden seien, ob die Kontrolle nicht gegen das Shermangesetz verstoße. Als sie nun vom Yoakum-Hawley-Syndikat ein Angebot für die Aktien erhielten, nahmen sie dieses an, obwohl daraus ein Barverlust von mindestens 8 000 000 $ folgte gegenüber dem Kaufpreis von 1903.

Die Annahme dieses Angebotes verbunden mit den oben angeführten wirtschaftlichen Tatsachen berechtigt durchaus zu der Annahme, daß die S. L. S. F. wiederum im Interesse einer anderen Wirtschaftseinheit entwertet und ausgesogen worden ist. Ob die neue Leitung, die sich des besten Rufes erfreut, Wandel schaffen kann, läßt sich in der kurzen Zeit ihrer Wirkung (1½ Jahre) nicht beurteilen. Jedenfalls gelang es ihr, in einem Jahre rückgehender Jahreseinnahmen eine erhebliche Zunahme der Reineinnahmen herbeizuführen.

Wie verhalten sich nun unsere Kurven (s. Abb. 1) in Einheitszahlen gegenüber diesem Tatbestande? Die c-Kurve, die wie immer bei 1,00 einsetzt, mußte sich offenbar rasch senken, da der Meilenzuwachs, der durch dieses Kapital geschaffen wurde, sich bis 1905 dem Betriebe einfügte, wie sich aus dem genau entgegengesetzten Streben der A-Werte ableiten läßt. Also bis 1905 ein normaler Verlauf, dann aber setzt die Verwässerungsperiode ein und c steigt stark, während A annähernd gleich bleibt. Diese wirtschaftlich abnorme Periode scheint dann mit dem Amtsantritt der neuen Leitung ihr Ende zu finden, denn c bleibt konstant, während A wieder ansteigt.

Der Verlauf von b, ihr langsames Sinken bis 1905, schließt sich genau der c-Kurve an und beweist wieder den von uns behaupteten Zusammenhang beider Werte. Von 1905 an läßt sich auch hier der Einfluß der Rock-Island-Leitung zeigen, der an einer gleichmäßigen wirtschaftlichen Entwicklung ihres Opfers gar nichts gelegen war. Von 1905 bis 1907 steigt b nämlich bloß 0,23, während gleichzeitig die Chicago Rock Island 0,37, die Union Pacific 0,28 und b für die ganze Union 0,22 steigt. Noch schärfer zeigt aber der weitere Verlauf von b den herabgekommenen Zustand des Systemes, indem nämlich der Tiefpunkt von 1908 (Krisenjahr) nur 0,01 über dem b-Wert von 1905 liegt, während er bei der Chicago Rock Island + 0,11, bei der Union Pacific + 0,15 und bei der Union — 0,01 über 1905 gelegen ist. Ferner sei noch das Verhältnis des durchschnittlichen b-Wertes 1904—1907 zu dem entsprechenden Werte 1908—1911 erwähnt, nämlich für die S. L. S. F. 1 : 1,06, für die Union Pacific 1 : 1,16, für die Chicago Rock Island 1 : 1,08.

Der Verlauf von x ist auch bezeichnend für den Untersuchungsgegenstand und den genauen Ausschlag dieses Kapitalmaßes. Einsetzend im Jahre 1903 inmitten der Ausdehnung des Systems, fällt sein Wert mit dem Koordinatenpunkt der c-Kurve zusammen. Sobald der c-Wert infolge Inbetriebnahme der Erweiterungen zur Meilenzahl und zu b ins richtige Verhältnis kommt, erhält x den stetigen Charakter, der sich nur langsam von Gleichstand zu Gleichstand bewegt, dagegen die Einzelschwankungen durchaus unberücksichtigt läßt. Aus dem Verlauf von x ist zu entnehmen, wie das unwirtschaftliche Überkapitalisieren die positive Differenz x-c zum Verschwinden bringt und endlich in eine negative verwandelt. Diese Verwandlung fällt zeitlich mit der Abgabe der Bahn an die Hawley-Verwaltung zusammen, und man kann jetzt den Verlust bei dem Aktienverkauf einfach als eine Entschädigung für die negative Verschiebung der Differenz x-c auffassen. Jedenfalls beweist der Verlauf der x-Kurve, daß die Reineinnahmen einer Verkehrsanstalt deren Marktpreis bestimmen, woraus folgt, daß die volkswirtschaftlich berechtigte Kapitalisierung als Funktion der ausgeglichenen Reineinnahmen anzusehen ist. Wie sehr der theoretisch errechnete Maßstab x sich mit den Tatsachen deckt, geht daraus hervor, daß, wenn wir den Mindestverlust (genaues ist nicht zu erfahren, da der Verkauf der Aktien geheim war) von 8 000 000 $ von der Kapitalisierung der Jahre 1910 und 1911 in Abzug bringen, wir für c statt 0,83, 0,83 nunmehr 0,81, 0,81 erhalten, während x 0,79, 0,80 beträgt. Betrachten wir die theoretischen und praktischen Werte, so fällt auf, daß sie sich annähernd decken, und der etwaige Unterschied durchaus zugunsten der theoretischen Bewertung spricht. Jedenfalls ist es bemerkenswert, daß die theoretische Bewertungsmethode die wirtschaftliche Folgerichtigkeit des inzwischen erfolgten Zusammenbruchs schon vorher (1911/12) deutlich anzeigt.

	Anlagekapital (in 1000 Dollar) 1900	1911
Obligationen	45 014	243 423
I. Vorzugsaktien	5 000	5 000
II. "	16 000	16 000
Stammaktien	29 000	29 000.

Tabelle I.

Die absoluten Werte von A, B, C und d und die Werte der Kurven b, c und x der St. Louis San Francisco.

Jahr (bis 30. Juni)	Gesamtkapital in 1000 Dollar	Reinertrag in 1000 Dollar	A Netzlänge in Meilen	C Kapital für die Meile in Dollar	B Reinertrag für die Meile in Dollar	d = B = Reinertrag in $^0/_0$ des Meilenkapitals	b	c	x	v
1900	95 014	3 291	1 400,8	67 830	2 349	3,46	1,00	1,00	—	—
1901	96 485	4 329	1 686,8	57 203	2 566	4,49	1,09	0,84	—	—
1902	199 778	8 148	3 252,4	61 426	2 505	4,08	1,07	0,90	—	—
1903	202 778	8 414	3 675,2	55 175	2 284	4,15	0,97	0,81	0,81	3,16
1904	203 432	9 140	4 216,4	48 250	2 168	4,49	0,92	0,71	0,80	3,13
1905	215 475	10 661	5 030,5	42 850	2 120	4,95	0,90	0,63	0,76	2,96
1906	225 720	11 501	5 068,9	44 530	2 269	5,10	0,97	0,65	0,72	2,79

Jahr (bis 30. Juni)	Gesamtkapital in 1000 Dollar	Reinertrag in 1000 Dollar	A Netzlänge in Meilen	C Kapital für die Meile in Dollar	B Reinertrag für die Meile in Dollar	d = B = Reinertrag in % des Meilenkapitals	b	c	x	v
1907	239 971	13 397	5 061,7	47 410	2 647	5,58	1,13	0,70	0,72	2,79
1908	257 560	10 799	5 064,2	50 860	2 133	4,19	0,91	0,75	0,77	3,00
1909	262 645	12 997	5 073,0	51 770	2 562	4,95	1,09	0 76	0,77	3,01
1910	286 667	12 489	5 071,8	56 540	2 462	4,35	1,05	0,83	0,80	3,13
1911	292 423	13 839	5 187,9	56 370	2 662	4,72	1,13	0,83	0,79	3,05
1912	—	—	—	—	—	—	—	—	0,84	3,27

$$x = F . v$$

$$F = \frac{200}{27} \cdot \frac{B_{1900}}{C_{1900}}$$

$$B_{1900} = 2\,349$$

$$C_{1900} = 67\,830.$$

Tabelle II.

Dividendentabelle der St. Louis San Francisco.

Jahr	1. Vorzugsaktien %	2. Vorzugsaktien %	Stammaktien	Überschuß nach Dividende $
1900	4	2	0	376 000
1901	4	3½	0	1 094 000
1902	4	4	0	1 472 000
1903	4	4	0	635 000
1904	4	4	0	440 000
1905	4	4	0	184 000
1906	4	0	0	1 789 000
1907	4	0	0	3 959 000
1908	4	0	0	259 000
1909	4	0	0	1 129 000
1910	4	0	0	922 000
1911	4	0	0	1 336 000

§ 4.

Chicago Rock Island-Eisenbahn.

Um eine Erläuterung aus der Praxis zu den Ausführungen über die St. Louis and San Francisco zu geben, haben wir die Jahresergebnisse der

Chicago Rock Island and Pacific Railway für die Betriebsjahre 1904—1911 herangezogen. Dieses System ist hervorgegangen aus der im Jahre 1847 konzessionierten Rock Island and La Salle Railroad, die 1851 sich in die Chicago and Rock Island Railroad Company verwandelte. Diese ursprüngliche Bahn durchzog reiches Getreideland, hatte mit keinen technischen und finanziellen Schwierigkeiten zu kämpfen und erlebte bis 1879 einen ununterbrochenen Aufschwung. In diesem Jahre nahm der Reingewinn einen solchen Umfang an, daß es bedenklich wurde, ihn auf das kleine Kapital zu verteilen, vielmehr entschloß man sich zu einem Tausch, indem eine neue Gesellschaft, die Railway Company gebildet werden sollte, die sich verpflichtete, das Eigentum, die festen Lasten und die Untergesellschaften des bisherigen Unternehmens zu übernehmen und den Aktionären für jede alte Aktie zwei neue der Railway Company anzubieten. Um den Verwässerungsvorgang zu verdecken, wurden 427 Meilen Untergesellschaften mit dem Netz verschmolzen, ohne neue Kapitalausgabe, denn die Aktien dieser kleinen Unternehmen waren fast vollständig im Besitze der Railroad Company, der Vorgängerin der Railway Company. Die Operation war ein Strohgeschäft, denn statt dieser Aktien erhielt sie eigene Werte. Die Länge des Netzes war 1880 zur Zeit der Verwässerung 1311 Meilen, 1887 erst 1384,2 Meilen.

Im letzteren Jahre mußte sich die Bahn zu Erweiterungen entschließen, um der Konkurrenz entgegentreten zu können. Zu dem Zwecke wurde durch Ausbau und Verschmelzung das Netz von 1384 Meilen in 1887 auf 3408 Meilen in 1891 gebracht. Obwohl diese Erweiterungen nicht durchgängig lohnend waren, gelang es der Leitung, durch ihre vorsichtige Politik und saubere Finanzierung während der Eisenbahnkrisis von 1894—1897, die Dividendenzahlung, wenn auch zu herabgesetzten Sätzen, aufrecht zu erhalten (7 % in 1887, 2 % in den Krisenjahren). Jedenfalls berechtigte diese Leistung zu dem Urteil, daß diese Gesellschaft trotz ihrer Verwässerung in 1880 zu den solidesten Unternehmen der Union gerechnet werden durfte.

In einem gesunden Zustande befand sich die Bahn mit einem Netze von etwa 4000 Meilen und einer Kapitalisierung von 31 106 $ für die Meile im Jahre 1900, als im Jahre 1901 die Großspekulanten Moore und Reid durch geschickte Effektenkäufe die Herrschaft über dieses System erlangten und die vorsichtige Leitung durch ihre Gehilfen verdrängten. Diese Persönlichkeiten hatten zu der Zeit gerade flüssige Mittel zur Hand und sahen sich nach einem Ausbeutungsobjekte um, zu welchem Zwecke die Rock-Islandbahn sehr geeignet war, denn ihre zentrale Lage, von Chicago nach Süden und Westen ausstrahlend, ließ sich trefflich ausnützen zu spekulativen Angliederungen. Indem man dann mit Erweiterungsbauten drohte, konnte man vielleicht die Konkurrenz zu finanziellen Abfindungen nötigen. Jedenfalls war das Werkzeug für alle Zwecke der spekulativen Tätigkeit besonders geeignet.

Ein Problem war nur zu lösen, nämlich wie die Herrschaft zu behaupten war, mit möglichst kleinem Kapitalbesitz und möglichst geringem Aufwande an Barmitteln. Zu dem Zwecke wurden die ineinandergreifenden Holding Companies, die Chicago Rock Island and Pacific Railroad Cy und die Rock Island Cy gegründet. Es wurde nun folgendermaßen verfahren: Die Aktien des Systems wurden von Moore und Reid umgetauscht gegen Aktien und Bonds der Railroad Cy, diese Aktien wurden wieder gegen Aktien und Vorzugsaktien der Rock Island Cy eingetauscht, während die Bonds verkauft wurden. Vorher war bei der Gründung der Rock Island Cy in deren Gründungsurkunde festgelegt, daß die Mehrheit des Verwaltungsrates der Rock Island Cy von den Vorzugsaktionären gewählt werden müsse. Also 51 % der Vorzugsaktien genügten, zur Beherrschung des Bahnnetzes durch die beiden Aktienverwaltungsgesellschaften. Der Erfolg für Moore und Reid war, daß sie durch diesen Tausch das System beherrschten mit Hilfe eines Besitzes von 22,6 Millionen Dollar Vorzugsaktien der Rock Island Cy anstatt 38 Millionen Dollar Stammaktien zum Kurse von 140, also mit einem Werte von 52,5 Millionen Dollar. Da aber bei diesen Tauschoperationen fortwährend Aktienzugaben abfielen, so kann man wohl behaupten, daß die Herrschaft des Moore Syndikates ihnen in bar höchstens 5 Millionen Dollar gekostet hat, während es an Gehältern in den drei Gesellschaften sicher viel mehr verdiente, als diese Summe jemals an Zinsen hätte einbringen können. Ihr Interesse ging nun darauf hinaus, die Railway Company zu einer treibhausartigen Entwicklung zu bringen, um erstens so hohe Dividenden erklären zu können, daß wenigstens die Rock Island Vorzugsaktien Dividenden zahlen konnten und sodann hohe Tantiemen zu erlangen. Es wurden alle möglichen Erweiterungen durch Neubau und Verschmelzung vorgenommen mit dem Ergebnis, daß die Meilenzahl von 4000 im Jahre 1900 bis auf 7205 Meilen im Jahre 1904 und die Dividende von 5 auf 8¼ % stieg.

Diese Entwicklung wurde bis 1908 fortgesetzt. Bis dahin stieg die Meilenzahl auf 7969 Meilen, dann bleibt sie annähernd gleich, aber die Dividende sinkt von 8¼ auf 4½ % (1910), obwohl die Reineinnahmen in derselben Zeit für die Meile von 1831 auf 2257 $ steigen und die Rentabilität des Meilenkapitals von 5,83 % auf 6,00 % steigt. Auch hier ist wieder die Frage berechtigt nach der Art und Verwendung des neuen Kapitals. Das neue Kapital ist festverzinslich (Obligationen) und seine Verwendung ist nicht so rätselhaft wie im Falle der St. Louisbahn, vielmehr dürfte der Neubau viel gebraucht haben. Der rückgehende Ertrag der Stammaktien bei steigender Reineinnahme und mäßiger Kapitalisierung kann nur erklärt werden durch die Tatsache, daß die Leitung mit der Möglichkeit von plötzlichen Ausgaben rechnete, für die Mittel vorzusehen waren.

Unsere Kenntnis der St. Louis San Francisco-Episode läßt den Grund klar werden, nämlich die Notwendigkeit, dieses ausgesogene Eigentum gelegentlich abstoßen zu müssen und alsdann in der Lage zu sein, die nötigen Ergänzungen im fehlenden Wagenpark vornehmen zu können. Der Gewinn gelangte also nicht voll zur Verteilung, sondern wurde bis zu einem Höchstbetrage von 17 767,00 $ (1909) aufgespart, um sich dann 1910 um 1 479,00 $ und 1911 um 1 997,00 $ zu vermindern. Nachdem also das rollende Eigentum der St. Louisbahn gehörig im Interesse der Railway Company ausgenutzt worden war, mußte die Lücke ohne Kapitalausgabe aus diesem Sparfonds ausgefüllt werden. Welche Bedeutung dieses Verfahren hatte, ergibt sich daraus, daß in den Jahren 1904 und 1905 der Gewinn fast vollständig verteilt wurde, während in den folgenden Jahren 2¾, 6, 1, 3, 1⅓ und 2 % vorgetragen wurden, d. h. der Vortrag enthielt einen entsprechenden Betrag des Aktienkapitals. Zusammenfassend kann man die finanziellen Vorgänge dahin deuten, daß neues Kapital produktiv wirkte, indem es den entsprechenden Verkehr herbeiführte, während gleichzeitig die Reineinnahmen befriedigend stiegen, ohne daß sie den Aktionären zugute kamen, da ein großer Teil für außerordentliche Rückstellungen, die eigentlich Kapitalausgaben waren, in Anspruch genommen wurde. Also war es der Moore-Reidgruppe nicht gelungen, die Bahn herunterzuwirtschaften, wohl aber mußte sie zu dem Dividendenfuß der alten Leitung (4½—5 %) in den letzten 5 Jahren (4½—5¼) reumütig zurückkehren, denn sie konnten nicht dauernd wie ein Parasit ein Opfer aussaugen, ohne es wirtschaftlich zu vernichten.

Ehe wir nun zur Betrachtung der Kurvenwerte (s. Abb. 2) übergehen, müssen wir ausdrücklich darauf hinweisen, daß die Beobachtungszeit um 4 Jahre kürzer ist, als in den Fällen der S. L. S. F. und der Union Pacific, da das Urmaterial in der Form der Jahresberichte nur bis 1904 zu erlangen war. Der Verlauf von b mit der steilen Steigung bis 1907 ist bezeichnend für die rasche Blüte des Systems, das aber infolge seiner gesunden Lage auch die Krisis von 1907—1908 leicht überwand, denn die Durchschnitte der Jahre 1904—1906 und 1909—1911 ergeben eine Steigerung von 0,62, die nur von der Union Pacific mit 0,89 überboten wird. Die c-Kurve weist die Erweiterungen bis 1906/07 deutlich nach, und der Abfall bis 1909 zeigt das Streben des Kapitals, zu einem Ausgleich zwischen Meilenzahl und Kapital durch Inbetriebnahme der neuen Linien zu gelangen. Der konstante A-Wert seit 1909, verbunden mit der Steigerung von c, läßt vermuten, daß jetzt auch bei der Chicago Rock Island eine gewisse Verwässerung eintreten soll, denn der Neubau wäre wenigstens in der Form von Teilstrecken in der

Meilenzahl schon zum Ausdruck gekommen. Der Betrag von etwa 30 Millionen Dollar braucht keine Besorgnis zu erregen, da der außergewöhnlich günstige Verlauf von x deutlich zeigt, daß die Kreditwürdigkeit der Bahn durchaus zu Recht besteht. Es setzt die Kurve 1907 mit einer positiven Differenz x-c im Betrage von 0,14 ein, wo c durch Baukapital ungewöhnlich groß ist, um im Jahre 1909 bei einem Minimum von c um 0,49 höher zu liegen und dann sich einer Differenz von + 0,40 zu nähern. Um eine Kontrolle über die praktische Bedeutung dieser Differenz zu erlangen, ist die durchschnittliche Rentabilität des Meilenkapitals 1909—1911 gleich 6,37 % auf einem Kapital von durchschnittlich 36 700 $ für die Meile berechnet, und wenn wir dann folgende Proportion ansetzen, erhalten wir:

$$36\,700 : \frac{9}{2} = Z : 6{,}37 \text{ oder } Z = \frac{36\,700 \,.\, 6{,}37 \,.\, 2}{9} = 51\,950 \text{ Dollar für die Meile.}$$

Wendet man nun den Durchschnittswert von x = 1,58 an, so ergibt sich für z = 49 580, eine Differenz von etwa 5 % gegenüber dem tatsächlichen Werte. Diese Differenz beweist, wie nötig eine Funktion wie x ist, da nur dadurch ein Tiefstand wie 1908 genügend lange hemmend auf die Kapitalausdehnung wirken kann. Um diese Wirkung von x zu erläutern, wollen wir z bilden aus dem Durchschnitt von x (1910—1912) = 1,61, dann erhält man z (1912) = 50 520, also x bringt durchaus deutlich, wenn auch in etwas gleichmäßigerem Tempo, Tiefstand und Aufschwung zur Geltung, in diesem Falle ein Aufschwung, der 1912 eintrat.

Für die nächsten Vergleiche sind die Unternehmen mit folgenden Buchstaben bezeichnet:

B. O.	= Baltimore and Ohio,
S. L. S. F.	= St. Louis and San Francisco Cy,
U. Pc. oder Union Pc.	= Union Pacific,
Ch. R. Is.	= Chicago Rock Island and Pacific Railway.

Für den Verlauf von x ist ferner die konstante Natur der Differenz x-c bei der Chicago Rock Island während der Beobachtungsperiode 1908—1911, also für 4 Jahre, zu beachten. Sie beträgt nämlich:

	B. O.	U. Pc.	S. L. S. F.	Ch. R. Is.
1908:	+ 0,46	+ 0,56	+ 0,02	+ 0,42
1909:	+ 0,35	+ 0,63	+ 0,01	+ 0,49
1910:	+ 0,10	+ 0,85	— 0,03	+ 0,40
1911:	+ 0,02	+ 0,94	— 0,04	+ 0,35

Aus dieser Vergleichung geht der gefestigte Wohlstand und die erfreuliche Unterkapitalisierung der Chicago Rock Island hervor, natürlich muß dabei die absolute Größe der Differenz mit berücksichtigt werden, denn eine Schwankung von 6 Einheiten um den Nullpunkt herum hat natürlich wirtschaftlich eine völlig andere Bedeutung, als dieselbe Schwankung bei einer durchschnittlichen Differenz von 40 Einheiten. Im ersten Falle entscheidet die Schwankung über den Charakter des Unternehmens, während im zweiten Falle damit nur die Wellenbewegung des Wirtschaftslebens zur Darstellung gelangt, völlig unabhängig von der Beurteilung des Unternehmens.

Anlagekapital der Chicago Rock Island:

	1904	1911
	(alles in 1000 Dollar)	
Obligationen	151 117	230 126
Aktien	75 000	75 000.

Tabelle III.

Die absoluten Werte für A, B, C und d und die Werte der Kurven b, c und x der Chicago Rock Island Railway.

Jahr (bis 30. Juni)	Gesamtkapital in 1000 Dollar	Reinertrag in 1000 Dollar	A Netzlänge in Meilen	B Reinertrag für die Meile in Dollar	C Kapital für die Meile in Dollar	Rentabilität des Kapitals für die Meile in % (d)	b	c	x	v
1904	226 117	13 195	7 205,1	1 831	31 380	5,83	1,00	1,00	—	—
1905	248 607	12 993	7 231,9	1 792	34 380	5,21	0,98	1,09	—	—
1906	254 337	16 171	7 218,1	2 240	35 230	6,36	1,22	1,12	—	—
1907	270 217	19 326	7 780,3	2 484	38 970	6,37	1,35	1,24	1,38	3,20
1908	279 802	16 348	7 965,5	2 005	35 110	5,71	1,09	1,12	1,54	3,55
1909	276 525	18 671	8 026,4	2 326	34 420	6,76	1,27	1,09	1,58	3,66
1910	303 002	18 151	8 043,6	2 257	37 670	6,00	1,23	1,20	1,60	3,71
1911	305 126	19 432	8 026,1	2 421	38 020	6,36	1,32	1,21	1,56	3,59
1912	—	—	—	—	—	—	—	—	1,66	3,83

$$x = F . v$$

$$F = \frac{200}{27} \cdot \frac{B_{(1904)}}{C_{(1904)}}$$

$$B_{(1904)} = 1831 \$$$

$$C_{(1904)} = 31\,380 \$.$$

Tabelle IV.

Dividendentabelle der Chicago Rock Island Railway.

Jahr	Stammaktien %	Überschuß nach Dividende $	Überschuß nach Dividende in Prozent der Stammaktien %
1904	8,25	43 000	0,06
1905	6,25	56 000	0,07
1906	6,00	2 108 000	2,80
1907	5,25	4 634 000	6,18
1908	5,25	788 000	1,02
1909	5,25	2 236 000	2,98
1910	4,50	1 005 000	1,34
1911	5,25	1 512 000	2,02

§ 5.

Baltimore and Ohio.

Die Baltimore- und Ohiobahn war von ihrer Gründung an, wie ihr Name es ausdrückt, dazu bestimmt, als Frachtanbringer für den Handel und Hafen von Baltimore zu dienen, und zwar durch Ablenkung des Verkehrs aus dem damaligen Westen von New York nach Baltimore. Damit war der Anfang gemacht zu den vernichtenden Konkurrenzkämpfen, der sogenannten Trunklines, das sind Strecken vom Atlantischen Ozean nach Chicago. Um den Bau dieser Bahn ohne nennenswerte Hilfe der New Yorker Kapitalisten durchführen zu können, sahen sich die beteiligten Kreise genötigt, den Staat Maryland, den Staat Virginia und die Städte Baltimore und Wheeling zu bewegen, Aktien zu übernehmen. Diese Bauperiode 1827—1853 ist nicht interessant, und die eigentliche Geschichte der Bahn fängt erst nach dem Bürgerkriege an, durch den die Bahn, die teilweise zwischen den kämpfenden Parteien gelegen war, stark zu leiden hatte.

Alsbald nach Beendigung des Krieges (1865) baute die Baltimore, die schon durchgehende Verbindung nach St. Louis und Cincinnati seit 1857 besaß, eine eigene Verbindung nach Chicago, die 1874 eröffnet wurde. Damit fing der erste große Tarifkrieg Chicago-Ozean an, der von der Baltimore durch aggressives Verhalten gegenüber der Pennsylvaniabahn heraufbeschworen war. Dieser Kampf zwischen den Linien Chicago—New York und Chicago—Baltimore, wobei aber die New Yorker Linien sich wiederum unter sich bekämpften, dauerte mit einigen Unterbrechungen bis zum Teilungsvertrage von 1882. Dann trat ein zweijähriger Waffenstillstand ein, der von einem erbitterten Entscheidungskampfe abgelöst wurde, der keine

Entscheidung brachte, sondern wiederum Ende 1885 durch einen Tarif- und Teilungsvertrag beendet wurde.

Während des Kampfes war es der Bahn dennoch gelungen, Dividenden zu zahlen und 40 000 000 Dollars neues Kapital in dem Unternehmen anzulegen, ohne daß dadurch aber die Folgen des Kampfes beseitigt wurden, denn die Reineinnahmen des Jahres 1885 waren nur um 2 % höher als in 1874 und zwar bei einer Netzerweiterung von 27 %. Diese Kapitalausgaben waren also nicht produktiv, belasteten die Bahn aber außerordentlich, da 37 000 000 $ Bonds waren. Unter diesen Umständen wäre es selbstverständlich gewesen, wenn die Gesellschaft den Friedensschluß zur Neuordnung ihrer Finanzen benutzt hätte; statt dessen beschloß der junge Robert Garrett, der 1884 seinem Vater in der Leitung der Bahn folgte, den Kampf nunmehr auf den Verkehr Philadelphia—New York zu übertragen und zwar gegen die starke Pennsylvaniabahn, die bisher den New Yorker Verkehr der Baltimore versorgt hatte. Sie lehnte sich dagegen auf, daß ihre Philadelphia—New York Linie von der Baltimore in nächster Nähe nachgebaut wurde und weigerte sich daraufhin schon vor Fertigstellung der Baltimorelinie, die Züge dieser Bahn wie bisher nach New York zu befördern. Infolgedessen nahm der Gewinn langsam ab, obwohl die Herstellung der Verbindung sehr teuer war und große Zinsenlast auferlegte. Die Dividende sank von 10 % im Jahre 1885 auf 0 % im Jahre 1888. Dieser bedenkliche Zustand erzwang den Sanierungsversuch von 1887 durch die Firma Morgan, der aber nur teilweise gelang, da ein Friedensschluß mit den Konkurrenten im New Yorker Verkehr nicht zustande kam und die Leitung von dem Vertrauensmann von Morgan wieder auf Rob. Garrett überging, der den Strohmann Mayer als Präsidenten des Verwaltungsrates vorschob. Ende 1888 war also der alte Zustand wieder hergestellt und die Herrschaft der Garretts dauerte bis zum endgültigen Zusammenbruch Februar 1896.

Sofort nach der Ernennung der Zwangsverwalter wurde Mr. Little, der Entdecker des Atchisonschwindels, beauftragt, die Buchführung der Gesellschaft zu untersuchen. Im Dezember 1897 erschien sein Bericht, der die erstaunliche Tatsache feststellte, daß auch in diesem Falle die schlimmsten Bilanzverschleierungen vorgenommen worden waren. Seit 1888 waren die Reineinnahmen der Gesellschaft bis zur Zwangsverwaltung um 11 204 858 Dollar zu hoch angegeben. Ferner wurde festgestellt, daß, obwohl nur 971 447 $ für Dividenden zur Verfügung standen, 6 296 006 $ verteilt worden waren. Inzwischen waren verschiedene Sanierungspläne entworfen, die alle darauf hinzielten, die große Obligationenlast durch Werte zu ersetzen, die keine feste Verzinsung brachten. Endlich einigten sich alle Beteiligten auf den Plan 1898, der denn auch ohne weitere Verwicklungen durchgeführt wurde. Alle Versuche, den Plan abzuändern, wurden vom zuständigen Gerichte abgewiesen, und so war die ganze Angelegenheit im August 1898 erledigt und am 1. Juli 1899 übernahm der Vorstand wieder Verwaltung und Betrieb.

Die erste Aufgabe war natürlich die Angliederung der während der Zwangsverwaltung abgefallenen Glieder, ein Vorgang, der bis 1900 dauerte, so daß der erste Bericht, der sich wieder auf das vollständige System bezieht, im Herbst 1901 für das Betriebsjahr 1900/01 erschien. Gleichzeitig mit dem Eintritt der neuen Verwaltung erlebte die Bahn einen unglaublichen Aufschwung, der leider Veranlassung war, nun in einem möglichst gleich schnellen Tempo das Kapital zu erhöhen, ohne daß neues Gebiet erschlossen oder besonders günstige Verkehrsabkommen getroffen wurden, die so die Aufnahme so großer Summen rechtfertigten. Schon der geringe Fortschritt der Reineinnahmen von 1906 auf 1907, einem Jahre mit ungewöhnlich hohen Einnahmen, ließ den gewaltigen Umschwung ahnen, der im Krisenjahre bevorstand. In dem Jahre 1908 sank der Ertrag der Meile auf 4776 $, während er 1901 schon 4537 $ betragen hatte. Der Höhepunkt der wirtschaftlichen Entwicklung war nämlich kurz vor dem Krisenjahre überschritten, und alle Bemühungen, die alte Höhe zu erreichen, schlugen wohl deshalb trotz außergewöhnlicher Kapitalaufwendungen fehl, weil die Bahn ein allein auf sich angewiesener Bestandteil des Verkehrslebens der Union von ihren Anfängen an gewesen war und auch nach ihrer Sanierung blieb. In der fieberhaften Hochkonjunktur war sie mit emporgerissen worden und teilte sich mit den anderen Bahnen den Verkehr, indem die letzteren, die von dem plötzlichen Aufschwunge überrascht waren, infolge der Unzulänglichkeit der eigenen Verkehrsmittel ihr unfreiwillig viel abgeben mußten. Während des folgenden Niederganges konnten die Konkurrenten ihren Verkehr wieder an sich ziehen und durch rechtzeitige Ergänzung ihrer Einrichtungen auch bei steigender Konjunktur aufrecht erhalten.

Die Baltimore ist also jetzt völlig auf den Verkehr ihres Gebietes und solchen Durchgangsverkehr, den sie sich im Wettbewerb mit anderen Bahnen erringt, angewiesen. Bei der Dichte der Eisenbahnen in ihrem Gebiete dürften Erweiterungsbauten zwecklos sein, während Erweiterung durch Angliederung oder Verschmelzung deswegen unmöglich ist, weil das Netz völlig von starken und unternehmungslustigen Bahnnetzen umklammert wird, die alles Wertvolle schon längst an sich genommen haben. In der eisernen Umklammerung durch die Pennsylvania und die Atlantic Coastlinie ist sie auf eine vorsichtige Politik angewiesen, damit ihre Verbindungen nicht plötzlich unterbrochen werden. Seit 1909 führt sie den Betrieb der Cincinnati Hamilton und Dayton, deren Ergebnisse aber hier in den Jahresberichten nicht erscheinen. Diese Erweiterung ist von zweifelhaftem Werte, da der Jahresbericht ständig große Unterbilanzen nachweist.

Tabelle V.

Die absoluten Werte für A, B, C und d und die Werte der Kurven b, c und x der Baltimore and Ohio.

Jahr (bis 30. Juni)	Gesamtkapital in 1000 Dollar	Reinertrag in 1000 Dollar	Netzlänge in Meilen A	C Kapital für die Meile in Dollar	B Reinertrag für die Meile in Dollar	Rentabilität des Kapitals für die Meile in % (d)	b	c	x	v
1901	304 476	19 534	4 300,4	70 720	4 537	6,42	1,00	1,00	—	—
1902	357 209	22 644	4 339,5	82 310	5 218	6,34	1,15	1,16	—	—
1903	405 523	25 439	4 397,0	90 130	5 784	6,42	1,28	1,27	—	—
1904	411 507	22 272	4 451,0	92 450	4 992	5,40	1,10	1,30	1,63	3,43
1905	418 659	24 100	4 481,8	93 410	5 377	5,76	1,19	1,32	1,68	3,53
1906	441 631	29 167	4 485,7	98 460	6 502	6,61	1,43	1,39	1,70	3,57
1907	461 465	29 521	4 462,1	103 420	6 616	6,40	1,46	1,47	1,77	3,72
1908	467 708	21 244	4 448,0	105 150	4 776	4,54	1,05	1,48	1,94	4,08
1909	480 444	25 249	4 459,9	107 720	5 661	5,26	1,28	1,52	1,87	3,94
1910	533 529	27 567	4 434,4	120 300	6 214	5,17	1,37	1,70	1,80	3,79
1911	544 443	25 379	4 433,7	122 800	5 724	4,66	1,26	1,74	1,76	3,70
1912	—	—	—	—	—	—	—	—	1,86	3,91

$$x = F \cdot v \qquad B_{1901} = 4537 \ \$$$

$$F = \frac{200}{27} \cdot \frac{B_{1901}}{C_{1901}} \qquad C_{1901} = 70\,720 \ \$.$$

Tabelle VI.

Dividendentabelle der Baltimore and Ohio.

Jahr	Vorzugsaktien %	Stammaktien %	Überschuß nach Dividende $
1901	4	4	1 072 000
1902	4	4	918 000
1903	4	4	2 900 000
1904	4	4	Wert aus der Bilanz nicht zu ermitteln
1905	4	4,50	3 183 000
1906	4	5,50	5 813 000
1907	4	6	5 916 000
1908	4	6	— 1 974 000
1909	4	6	6 219 000
1910	4	6	4 358 000
1911	4	6	1 344 000

Wie spiegelt sich dieser Zustand in dem nachstehenden Kurvenbilde wieder? (Abb. 3). Die b-Kurve bringt die außergewöhnlich schnelle Entwicklung während der aufsteigenden Konjunktur der Jahre 1901—1906 deutlich zur Darstellung durch die Steigerung um 0,46. Unmittelbar darauf folgt der scharfe Abfall (0,41), der deutlich den eigentümlichen Charakter des Verkehrs dieses Systems als Konjunktur- oder Gelegenheitsverkehr kennzeichnet. Mag man sich die Wirkung einer Krisis auch noch so schlimm vorstellen, ein volles Drittel des Verkehrs kann dadurch nicht zum Verschwinden gebracht werden, oder es war eben Verkehr, der dieser Bahn nur unter besonderen Umständen zufiel. Sobald diese Gründe, Überbelastung und Unzulänglichkeit der anderen Bahnen beseitigt waren, nahm er wieder seinen natürlichen Weg. Um diesen Vorgang zu veranschaulichen, seien die Durchschnitte der Meilenreineinnahmen der vier Gesellschaften für 1905—07 und 1908—10 zusammengestellt:

B. O.: 5832 $;	Ch. R. Is.: 2172 $;	S. L. S. F.: 2345 $;	U. Pc.: 5912 $
5550 $;	2196 $;	2386 $;	6516 $.

Also als einzige Bahn hat die Baltimore ein dauerndes Sinken der Einnahmen zu verzeichnen. Auch die scharfen Ausschläge von b nach der Krisis zeichnen die Bahn als Verkehrsanstalt mit unsicherer Kundschaft. Wie sehr die eigentümliche Natur des Verkehrs verkannt wurde, geht aus dem Verlauf von c hervor, dessen stetiges Steigen bei konstantem A und sinkendem d geradezu unbegreiflich erscheint. Zu erklären wäre diese Erscheinung nur durch den allerdings vergeblichen Versuch der Leitung, den gewonnenen Verkehr durch Mustereinrichtungen festzuhalten. Von Interesse ist die Charakterisierung des Tiefpunktes 1904 durch den Verlauf von b und c, indem hier, wie schon im allgemeinen Teil ausgeführt wurde, eine künstliche Krisis „im kleinen" vorgemacht wurde, wie aus einer Betrachtung der absoluten Beträge, die b zu Grunde liegen, hervorgeht. Wie außerordentlich merkwürdig der Verlauf von c nach 1908 ist, geht aus folgender Vergleichung der c und d Werte der vier Gesellschaften hervor:

	B. O.	U. Pc.
1908:	c = 1,48; d = 4,54	c = 2,00; d = 5,79
1911:	c = 1,74; d = 4,66	c = 1,88; d = 6,00
	Ch. R. Is.	S. L. S. F.
1908:	c = 1,09; d = 5,71	c = 0,75; d = 4,19
1911:	c = 1,21; d = 6,36	c = 0,83; d = 4,72.

Diese Zahlen bedeuten also, daß die Kurven folgendes nachweisen: Die Baltimore erhöhte ihr Kapital für die Meile um rund 17 %, während die Erträge um 2 % des alten Satzes zunahmen, die Union Pacific verringerte ihr Kapital durch Inbetriebnahme neuer Strecken um 6 %, während die Erträge um 5 % des alten Satzes (von 1908) stiegen, die Rock Island erhöhte ihr Kapital um 10 %, während der Stand von d sich um 12 % hob, und endlich bei der S. L. S. F. stehen sich Steigerungen von 11 % und 13 % gegenüber.

Es ist hier also gegen den ersten finanztechnischen Grundsatz verstoßen, nur da Kapitalerhöhungen vorzunehmen, wo das Urkapital fruchtbarer gemacht wird. Man kann im Falle der B. O. bestimmt von einer Verwässerung in gutem Glauben sprechen, da durch b erwiesen ist, daß das neue Kapital keine entsprechende Verkehrssteigerung einbrachte und auch nicht, wie A beweist, Neubauzwecken diente[1]).

Dieser finanzielle Sachverhalt wird durch die x Kurve bestätigt. deren Verlauf ganz deutlich von den anderen x Kurven abweicht. Während die anderen x Kurven die Krisis von 1908 ihrer raschen Überwindung entsprechend nur schwach zum Ausdruck brachten, sehen wir im Falle der Baltimore eine starke dauernde Einsenkung der Kurve, woraus man schließen kann, daß die vorhergehende Höhe durch Ausnahmeumstände und nicht durch gesunde innere Verkehrsentwicklung entstanden ist. Der Verkehr und die Einnahmen der Jahre 1906 und 1907 war größtenteils zufälliger Art. Gerade x liefert den besten Beweis für diesen eigenartigen Zustand bei der Baltimore und zwar, wie man durch Vergleichung der x Werte der vier Bahnen für 1909, dem ersten Werte, in welchem die Krisis zur Geltung kommt, mit 1912 ersieht, in welchem Jahre der Krisenwert bei der x Bildung ausscheidet.

	B. O.	U. Pc.	Ch. R. Is.	S. L. S. F.
1909:	+ 1,87	+ 2,63	+ 1,58	+ 0,75
1912:	+ 1,86	+ 2,81	+ 1,66	+ 0,84

Also während die drei anderen Unternehmen in den vier letzten Jahren eine Steigerung ihrer Kapitalisationsmöglichkeit erfuhren, wurde das Maximum der Baltimore eingeschränkt. Auch der Stand der Differenz x—c zeigt ein ähnliches Bild. Wenn wir zu Vergleichszwecken annehmen, daß c (1912) = c (1911) ist in Einheitszahlen, dann erhalten wir:

---

[1]) Diese Sätze, die im Herbst 1912 geschrieben worden sind, erhielten kürzlich (28. Februar 1913) eine amtliche Bestätigung durch das Verkehrsamt des Staates Maryland, das der Baltimore and Ohio die geplanten Bonds-Ausgabe von 62½ Millionen Dollar verbot. Inzwischen wurde die Ausgabe im April genehmigt, weil die Gesellschaft nachwies, 50 Millionen zur Ablösung von schwebenden Schulden verwenden zu müssen.

	B. O.	U. Pc.	Ch. R. Is.	S. L. S. F.
1909:	+ 0,35	+ 0,63	+ 0,49	+ 0,01
1912:	+ 0,12	+ 0,89	+ 0,45	+ 0,01

Hier sehen wir wiederum, wie die x Kurve und die für unser Werturteil maßgebende Differenz x—c die wirklichen Vorgänge des Wirtschaftslebens klar und unzweideutig zur Darstellung bringt, indem man den richtigen Zusammenhang zwischen Kapitalgrundlage und Gewinnmöglichkeiten in gegenseitiger Abhängigkeit ausdrückt.

	Anlagekapital in 1000 Dollar	
	1901	1911
Obligationen	199 476	332 135
Vorzugsaktien	60 000	60 000
Stammaktien	45 000	152 207

§ 6.

Union Pacific.

Die letzte der vier Eisenbahnen, die wir untersucht haben, ist die Union Pacific Railroad Company. Sie ist die Rechtsnachfolgerin der ersten nordamerikanischen Überlandbahn gleichen Namens, die Ende 1893 in Zwangsverwaltung genommen wurde. Diese alte Gesellschaft, in deren Finanzgeschichte eine eigentümliche Verquickung von Privat- und Bundeskapital nachgewiesen ist, wurde durch ein Bundesgesetz von 1862 geschaffen, um mit Beihilfe der Bundesregierung Kalifornien mit dem Osten des Landes zu verbinden. Die für jene Zeiten ganz unamerikanische Erscheinung der öffentlich-rechtlichen Unterstützung eines Privatunternehmens ist nur zu erklären aus der damaligen politischen Lage und insbesondere durch das gespannte Verhältnis zu England, dessen Angriff auf Kalifornien, das neuentdeckte Goldland, allerseits befürchtet wurde. Die Bundesunterstützung ist daher als Baubeihilfe zu einer strategischen Linie anzusehen. Das erste Gesetz von 1862 lockte keine Unternehmer an, sondern wurde 1864 zugunsten der Bahn erheblich geändert. In der endgültigen Form (1864) wurde für jede zu bauende Meile, außer Landschenkungen, eine feste Summe Bundesschuldscheine versprochen, deren Betrag für die Wegeinheit je nach Schwierigkeit des Baues verschieden sein sollte. Der Nennwert des Gesamtbetrages dieser verabfolgten Schuldscheine sollte als zweite Hypothek auf das Eigentum eingetragen werden. Als Gegenleistung sollte die Hälfte der von der Regierung zu zahlenden Militär- und Postfracht zur Ablösung dieser Schuld Verwendung finden. Von 20 Mitgliedern des Aufsichtsrates sollten 5 vom Bunde ernannt werden. Unter den denkbar günstigsten finanziellen Umständen wurde der Bau angefangen, aber alsbald trat eine ungünstige Wendung ein, indem nach dem Bürgerkrieg die Preise allgemein stark stiegen, während gleichzeitig die Baukosten aus zwei anderen Gründen schon außergewöhnlich groß waren. Es wurde nämlich mit einer unglaublichen Geschwindigkeit gebaut, da zwei Gesellschaften, die Union Pacific von Osten und die Central Pacific von Westen gleichzeitig bauen und sich unterwegs treffen sollten. Kam eine Gesellschaft zuerst an dem bestimmten Treffpunkte an, so sollte sie bis zur Herstellung der Verbindung weiter bauen und dafür die Ländereien, die auf jene Strecke kamen, erhalten. Daher war der Baueifer der Union Pacific durchaus verständlich und tatsächlich hat sie eine bedeutende Überstrecke fertiggestellt. Der zweite Umstand war die Vergebung der Bauarbeiten an den Credit Mobilier of America, ein Bauunternehmen, dessen Aktienkapital in Händen der Aktionäre der Union Pacific war; dadurch wurden Kontrakte abgeschlossen, die im Interesse des Credits, aber nicht in dem der Bahn waren, da die geforderten Preise übermäßig hoch waren, um dem Credit hohe Reingewinne zu verschaffen. Der Reingewinn dieses Unternehmens wird verschieden geschätzt, von der im Jahre 1887 eingesetzten Untersuchungskommission z. B. auf den Barbetrag von 23 366 320 Dollar.

Bei einer Länge von etwa 1100 Meilen war die Kapitalisierung der Bahn im Jahre 1870 rund 108 Millionen Dollar. Gleichwohl erlebte die Gesellschaft bis 1878 einen ununterbrochenen Aufschwung, bis sie 1879—80 unter den Drohungen der Gouldgruppe, die eine völlige Parallelstrecke durch Ausbau der Kansas Pacific und der Denver Pacific bauen wollte, sich zu dem folgenschweren Entschluß gedrängt sah, diese mit großen Verlusten betriebenen Strecken zu erwerben. Gould wandte hier schon die berüchtigte Erpressertaktik an, die wir bei dem Falle der S. L. S. F. erörtert haben und verkaufte seine Mehrheit der wertlosen Kansas Pacific Aktien an die Union Pacific und zwar Aktie gegen Aktie. Um diese ganze Verschmelzung durchzuführen, wurde beschlossen, die Union Pacific Railway Cy zu bilden, deren Aktien gegen die Aktien der drei einzelnen Gesellschaften umgetauscht wurden. Der Kursstand der Aktien war aber sehr verschieden, denn die Union Pacific erreichte 68½, während Denver und Kansas Pacific 1879 unter 15 notierten. Gould erhielt also an Börsenwert das 4½—5fache seiner Auslagen, hatte aber dafür die ertragreiche Union Pacific mit den Schulden dieser kümmerlichen Erzeuger einer ständigen Unterbilanz belastet. In der neuen Gesellschaft herrschte Gould durch Aktienmehrheit und wiederholte den Verkauf von Schützlingen an die Union Pacific noch zweimal, nämlich der St. Josefbrückengesellschaft und der Denver South-Parkbahn. Inzwischen war 1883 die Dividendenzahlung eingestellt worden, vorher aber hatte Gould seine Aktien zu hohen Kursen verkauft.

Als die Gouldkontrolle ihr Ende fand, wählte man 1884 C. F. Adams zum Präsidenten. Obwohl er eine energische und sorgfältige Verwaltung durchführte, gelang es ihm doch nicht, der Bahn wieder zu Wohlstand zu verhelfen, da er einmal nicht plötzlich die Überkapitalisierung vermindern konnte und andererseits seine Amtsperiode in eine Zeit des schärfsten Wettbewerbes der westlichen Bahnen fiel. Um den Kampf erfolgreich führen zu können, sah er sich zu umfangreichen Erweiterungsbauten genötigt, deren Gesamtausdehnung bis 1890 3132,5 Meilen betrug. Mitten in dieser Kampf- und Erweiterungsperiode errang Gould 1891 wieder die Herrschaft, Adams trat von der Leitung zurück und wurde von dem Strohmanne Goulds, Dillon, ersetzt. Dieser sah sich bald einer schweren Lage gegenüber, da Gould 1892 starb und die Bahn nicht nur außerstande war, eine große schwebende Schuld zu bezahlen, sondern auch durch die Verpflichtung der Ablösung der Bundeshypothek 30 Jahre nach der Aufnahme (1864—1867) in eine verzweifelte Lage geriet. Infolgedessen wurde 1893 der Konkurs angemeldet und es wurden fünf Zwangsverwalter eingesetzt, von denen drei Vertreter des Bundes waren. Drei Umstände verzögerten in diesem Falle die Sanierung, nämlich der Streit der Mitglieder des Sanierungskomitees unter sich, ferner der Kampf gegen die Ansprüche der Bundesregierung und drittens die politische Streitfrage, ob die Bundesregierung nicht diese Gelegenheit ergreifen müsse, um den Anfang mit einem Staatsbahnsystem zu machen. Nach langen Beratungen kam 1896 ein Sanierungsplan zustande, nach dem die Regierung völlig in bar befriedigt wurde, während die Obligationäre für einen Teil ihrer Forderungen statt Bonds Vorzugsaktien erhielten. Ferner wurden alle Nebenlinien, die nicht ertragsfähig waren, abgestoßen, so daß die neue Gesellschaft im Jahre 1899 ein Netz von 5400 Meilen betrieb gegen 7674 Meilen in 1892.

Von diesem Netz aus, das sich nach der Sanierung in einer günstigen Lage befand, machte Harriman, der bald nach dem Ende der Zwangsverwaltung die Kontrolle und Leitung übernahm, seinen berühmten Versuch, ein System durch Angliederung und Verschmelzung herzustellen, das die gesamten Bahnen des Westens umfassen sollte. Dieses Vorhaben gelang nur zeitweise mit dem Southern Pacific System (9900 Meilen)[1]. Durch diese Angliederung hatte die Union Pacific freien Zugang nach San Francisco, nach Portland (Oregon) ging eine eigene Linie und die Verbindung nach Südkalifornien wurde durch die San Pedro-Los Angeles

[1]) Inzwischen ist die Kontrolle der Southern Pacific durch die Union Pacific Anfang Dezember 1912 vom Obersten Gerichtshof für ungesetzlich erklärt.

and Salt Lake Cy hergestellt, die die betreffenden Neubaustrecken von der Union Pacific übernahm. (Siehe Rückgang der Meilenzahl 1903). Aber über diese Erweiterungspläne vernachlässigte Harriman nicht die Entwicklung und den regelmäßigen vorsichtigen Ausbau der Union Pacific. Trotz einer erstaunlich schnellen Vermehrung der Reineinnahmen ist die Kapitalisierung vorsichtig und äußerst ertragreich. Wie gut die Verwaltung und wie gleichmäßig der Verkehr ist, geht wohl aus der Tatsache hervor, daß die Reineinnahmen der Meile 1911 infolge der Lohnerhöhungen, verbunden mit schlechtem Geschäftsgange, unter den Stand des Kriesenjahres sinken konnte, ohne daß die Dividende gefährdet wurde. (Surplus 4 602 000 $). Die angegebenen Reineinnahmen der Tabelle beziehen sich auf die Betriebsreineinnahmen unter Fortlassung der Dividenden auf Effektenbesitz, da solche Einnahmen von den Leistungen und Verhältnissen der Gesellschaft unabhängig sind, dagegen die Verpflichtung der Zinsenzahlung für das gesamte Kapital auf dem Betriebe ruht. Diesem Tatbestande wird die vorsichtige Leitung gerecht durch die Trennung der Dividende in zwei Sätze, 6 % aus dem Bahnbetrieb und 4 % aus dem Effektenbesitz.

Tabelle VII.

Absolute Werte für A, B, C und d und die Kurvenwerte von b, c und x der Union Pacific.

Jahr (bis 30. Juni)	Gesamtkapital in 1000 Dollar	Reinertrag in 1000 Dollar	Netzlänge in Meilen A	C Kapital für die Meile in Dollar	B Reinertrag für die Meile in Dollar	Rentabilität des Kapitals für die Meile in % (d)	b	c	x	v
1900	350 531	18 952	5 431,8	51 260	3 489	5,40	1,00	1,00	—	—
1901	450 531	20 201	5 543,4	81 270	3 644	4,48	1,04	1,59	—	—
1902	451 753	23 311	5 710,6	73 830	4 082	5,52	1,17	1,45	—	—
1903	487 640	23 407	5 325,3	91 570	4 395	4,80	1,26	1,79	1,62	3,21
1904	498 116	26 253	5 352,7	93 050	4 904	5,27	1,41	1,81	1,75	3,47
1905	494 386	28 954	5 357,5	92 280	5 404	5,86	1,55	1,80	1,94	3,84
1906	496 561	32 020	5 403,6	91 900	5 926	6,46	1,70	1,79	2,12	4,21
1907	496 124	36 160	5 644,6	87 890	6 406	7,28	1,83	1,71	2,34	4,65
1908	593 165	34 345	5 781,4	102 600	5 941	5,79	1,70	2,00	2,56	5,07
1909	621 656	40 805	6 062,1	102 550	6 731	6,56	1,90	2,00	2,63	5,22
1910	613 594	43 289	6 296,2	97 460	6 876	7,05	1,97	1,90	2,75	5,45
1911	645 405	39 175	6 678,3	96 640	5 866	6,07	1,68	1,88	2,82	5,59
1912	—	—	—	—	—	—	—	—	2,81	5,57

$$x = F \cdot v \qquad B_{1900} = 3\,489\ \$$$

$$F = \frac{200}{27} \cdot \frac{B_{1900}}{C_{1900}} \qquad C_{1900} = 51\,260\ \$.$$

Tabelle VIII.

Dividendentabelle der Union Pacific.

Jahr	Vorzugs-aktien %	Stammaktien erhielten aus Betrieb %	Stammaktien erhielten aus Effekten %	Überschuß nach Dividende $
1900	4	3,50	0	4 844 000
1901	4	4	0	5 178 000
1902	4	4	0	6 316 000
1903	4	4	0	6 943 000
1904	4	4	0	8 263 000
1905	4	4,50	0	11 698 000
1906	4	5	3	12 232 000
1907	4	6	4	12 647 000
1908	4	6	4	12 189 000
1909	4	6	4	17 938 000
1910	4	6	4	19 820 000
1911	4	6	4	14 334 000

Betrachten wir zuerst die b-Kurve (s. Abb. 4), so fällt gleich eine Eigentümlichkeit auf, die allen anderen Kurven fehlt: der ununterbrochene gleichmäßige Aufstieg bis 1907. Daraus geht hervor, daß der Verkehr der Union Pacific sich regelmäßig entwickelt und von zufälligen Umständen sich völlig unabhängig gemacht hat. Es stellte sich vor allem im Krisenjahre 1908 heraus, daß der größte Teil des Verkehrs nicht Konjunkturgewinn, sondern Stammgeschäft geworden war. Hier sieht man also deutlich, wie die Kurve das Gelingen der Harrimanschen Politik des Entwickelns eines „chronischen“ Verkehrs zum Ausdruck bringt. Der Abfall der b Kurve nach 1908 beläuft sich bloß auf 7 % des Wertes für 1907 gegen etwa 18 % bei der Chicago Rock Island und 14 % für das Unionsnetz. Wiederum als einzige von den beobachteten Bahnen erzielt die Union Pacific schon wieder 1909 Höchsterträge, die sich dann allerdings nicht voll behaupten lassen, sondern einem Rückgange Platz machen müssen. Der Rückgang zu 1911 ist aber kein Anzeichen der Schwäche, sondern der Stärke, denn die Gesellschaft hält die Betriebsausgaben auf derselben Höhe trotz widriger Umstände, die zusammentreffen (Mißernte, Lohnforderungen), da weder die Dividende noch der nötige Überschuß im geringsten gefährdet sind. Zu dieser charakteristischen b Kurve gesellt sich eine c Kurve, die auch ein deutliches Spiegelbild der wirtschaftlichen Entwicklung der aufstrebenden Gesellschaft ist. Hierfür ist zuerst bezeichnend die Zickzackbewegung ihres Verlaufes, aus der zu entnehmen ist, daß die Werte häufig Baukapital enthalten, eine Tatsache, die durch A bestätigt wird. Die Abwechslung von scharfen Steigungen mit ebenen Strecken zeigt deutlich, wie die Leitung bemüht war, ein mäßiges Tempo innezuhalten, damit die fertiggestellten Erweiterungen Zeit fanden, ihr Verkehrsgebiet zu entwickeln und die Rentabilität des Netzes zu erhöhen statt sie zu drücken, wie es im Falle der S. L. S. F. eintrat.

Der Verlauf der x Kurve bestätigt aber erst im vollen Umfange das Entwicklungsbild. Hier sehen wir die Wirkung der glänzenden Finanzpolitik von Harriman. Einsetzend mit einer negativen Differenz $x - c = 0{,}17$, erreicht diese nach 8 Jahren den Höchstwert von $+ 0{,}94$. Von den vier besprochenen Kurven ist sie die einzige, die negativ anfängt und positiv endet, die einzige, die eine wachsende Differenz $x - c$ erzeugt und endlich die einzige, die eine ununterbrochene positive Entwicklung durch stetiges Steigen bis 1911 zur Darstellung bringt. Diese eigentümlichen Umstände zeigen schon zur Genüge, daß die Union Pc eine Ausnahmestellung einnimmt. Durch Berechnungen werden wir zeigen, daß x nicht nur der Entwicklungstendenz gerecht wird, sondern auch der augenblicklichen finanziellen Lage. Aus der Berechnung der Höchstkapitalisierung (= MK) der Meile, begründet auf die Reineinnahmen 1909—1911 dermaßen, daß

$$MK = (6\,731 + 6\,876 + 5866)\,\frac{1}{3} \cdot \frac{200}{9},$$

also = 144 350 Dollar ist, ergibt sich ein Wert, der nur um ¼ % von dem theoretischen Werte ($x = 2{,}81$), gleich 144 040 Dollar abweicht. Aus dieser Rechnung folgt wiederum die Berechtigung, an Stelle der direkten Werte die Werte der Einheitszahlen und ihre Beziehungen zu verwenden. Wie genau x auch den eigentümlichen Charakter des Unternehmens wiedergibt, geht aus folgender Vergleichung der x Werte der Union Pc, der Baltimore und Chicago Rock Island für 1909—1912 hervor:

	U. Pc.		B. O.		Ch. R. Is.	
1909	2,63		1,87		1,58	
1910	2,75	12	1,80	— 7	1,60	2
1911	2,82	7	1,76	— 4	1,56	— 4
1912	2,81	— 1	1,86	10	1,66	10
$\frac{1}{4}\,\Sigma =$	2,75		1,82		1,60	

Die Tabelle beweist nämlich, daß die Summen der Differenzen der Werte von Jahr zu Jahr nur bei der Union Pacific einen größeren positiven Betrag erreichen, der deutlich die zunehmende Wohlfahrt der Bahn bekundet. Es ergibt sich bei dieser Betrachtung folgende Gliederungsreihe:

U. Pc.	$\Sigma d_3 = +18 =$	$12 + 7 + (-1)$
B. O..	$\Sigma d_3 = -1 =$	$(-7) + (-4) + 10$
Ch. R. Is..	$\Sigma d_3 = +8 =$	$2 + (-4) + 10.$

Untersuchen wir ferner die Bedeutung der Differenz des Durchschnittes der vier Werte gegen den Minimalwert, so ergibt sich folgendes Bild:

	U. Pc.	B. O.	Ch. R. Is.
Durchschnitt	2,75	1,82	1,60
Minimalwert	2,63	1,76	1,56
Differenz	0,12	0,06	0,04
„ in Prozent des Durchschnittes	3,84 %	3,03 %	2,50 %.

Wiederum tritt deutlich die Niveauverschiebung zugunsten der Union Pacific klar hervor, indem hier x als Durchschnittswert nicht nur unbedingt, sondern auch verhältnismäßig am höchsten gelegen ist. Noch schärfer tritt dies aber hervor, wenn wir die Differenz Höchstwert—Durchschnitt in der gleichen Weise behandeln.

	U. Pc.	B. O.	Ch. R. Is.
Durchschnitt	2,75	1,82	1,60
Maximum	2,82	1,87	1,66
Differenz	0,07	0,05	0,06
„ in Prozent des Maximums .	2,48 %	2,70 %	3,61 %.

Also kann man aus diesen Beweisen schließen, daß auch auf kürzeren Zeitstrecken der wirtschaftliche Charakter eines Unternehmens voll zur Geltung kommt und daher Schlüsse in bezug auf die Kapitalisierung aus dem Verlauf der Kurven gezogen werden dürfen.

	Anlagekapital in 1000 Dollar	
	1900	1911
Obligationen	154 352	329 232
Vorzugsaktien	100 000	99 569
Stammaktien	96 179	216 699

§ 7.

Schlußfolgerungen.

Vor der Betrachtung der Gesellschaften ist der Zweck der Untersuchung dahin ausgesprochen worden, festzustellen, ob die Methode der Einheitszahlen und der in ihnen ausgedrückten Beziehungen wirtschaftlicher Größen sich für die Darstellung einzelner Unternehmen eigne.

Da nun die vorerörterten Beispiele erkennen lassen, daß die Untersuchungsmethode nicht nur bei zusammengefaßten Gruppen, sondern auch bei einzelnen Unternehmungen an Schärfe und Klarheit des Ergebnisses nichts zu wünschen übrig läßt, sondern daß da, wo Abweichungen von empirischen Werten festzustellen sind, solche als Sicherheitsreserve auftreten, ohne daß die Zweckmäßigkeit der auf theoretischer Grundlage formulierten Normativbestimmungen gefährdet wird, kann als gültiges Prinzip ausgesprochen werden: Das Kapitalmaximum einer Eisenbahn ist eine Funktion des Durchschnittsreinertrages.

Im einzelnen ergeben sich folgende Schlußfolgerungen aus dem zweiten Teile dieser Arbeit:

1. Die Methode der Einheitszahlen eignet sich sehr gut zur Darstellung der Kapitalisation der Eisenbahnen.
2. Die Methode gibt richtigen Aufschluß über die Zweckmäßigkeit von Kapital- und Netzerweiterungen.
3. Die Methode stellt auch Entwertung von Eisenbahneigentum deutlich dar.
4. Die x Kurve gibt eine charakteristische Darstellung der wirtschaftlichen Entwicklung der Unternehmungen.
5. Der Verlauf von x gibt in keinem Falle Anlaß, daß eine rechtmäßige Erweiterung gehemmt wird, sondern weist durch Dreiteilung der Tiefpunkte darauf hin, daß ein gefährlicher Bruch mit der Vergangenheit zu vermeiden ist.
6. Bei der Nachprüfung beliebiger x Werte durch Berechnung des Kapitalmaximums aus den absoluten Werten für b ergibt sich eine Differenz zugunsten der Theorie.

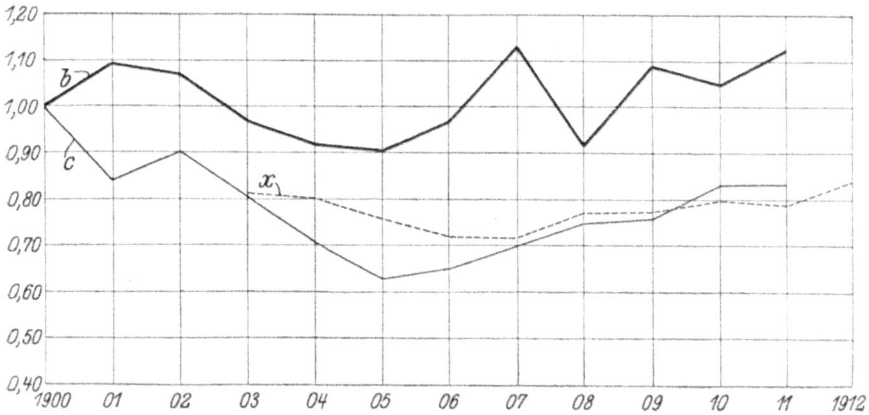

Abb. 1.

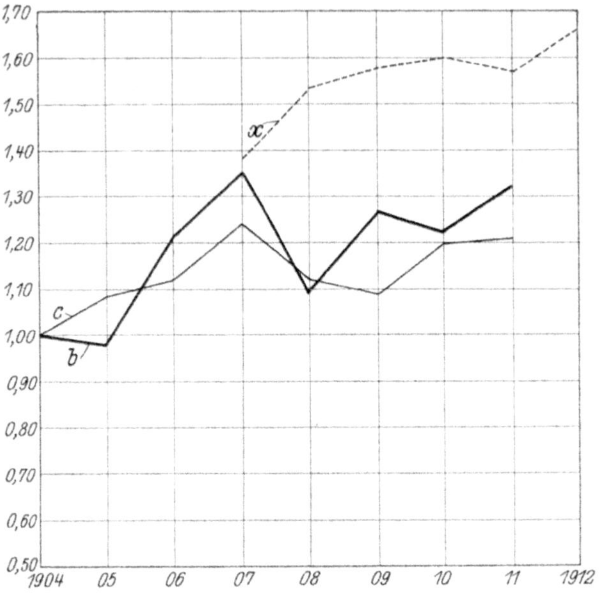
1,70
1,60
1,50
1,40
1,30
1,20
1,10
1,00
0,90
0,80
0,70
0,60
0,50
1904
05
06
07
08
09
10
11
1912
x
b
c

Abb. 2.

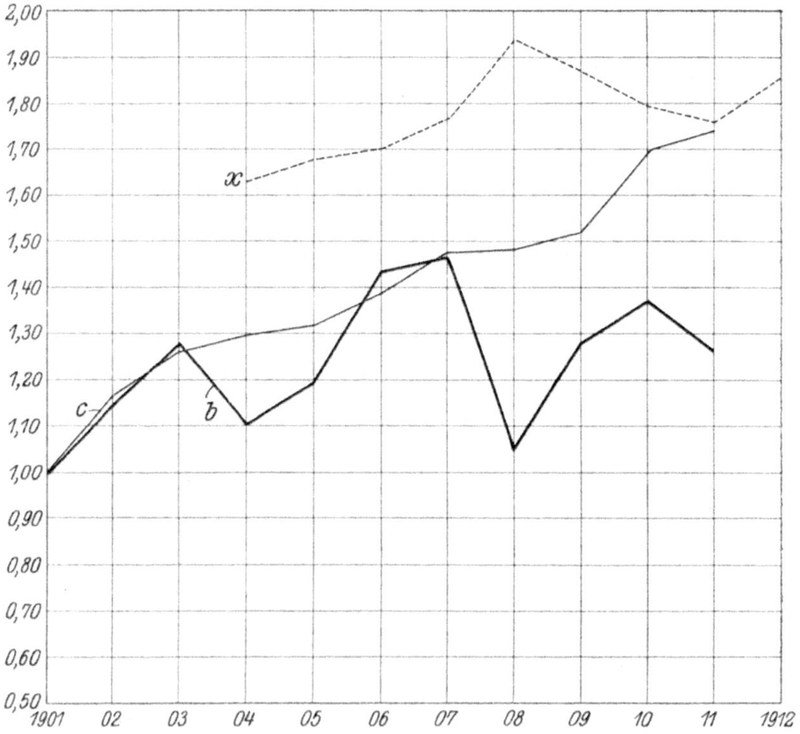
2,00
1,90
1,80
1,70
1,60
1,50
1,40
1,30
1,20
1,10
1,00
0,90
0,80
0,70
0,60
0,50
1901
02
03
04
05
06
07
08
09
10
11
1912
x
b
c

Abb. 3.

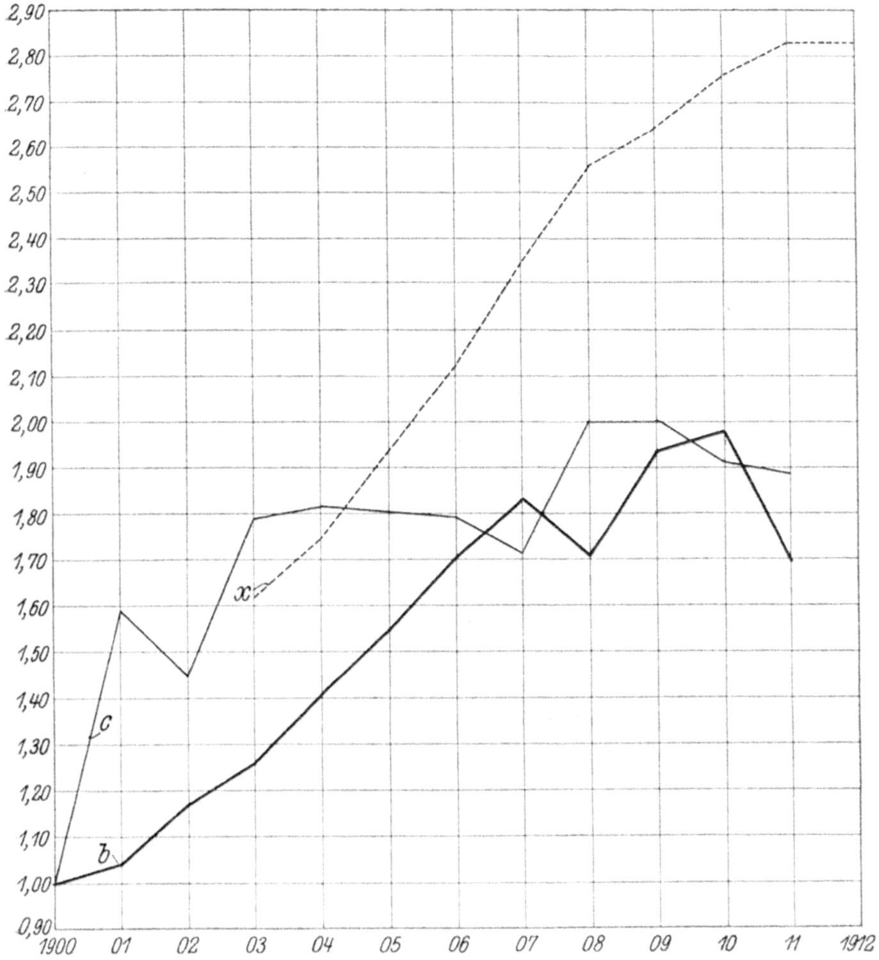
2,90
2,80
2,70
2,60
2,50
2,40
2,30
2,20
2,10
2,00
1,90
1,80
1,70
1,60
1,50
1,40
1,30
1,20
1,10
1,00
0,90
1900
01
02
03
04
05
06
07
08
09
10
11
1912
x
c
b

Abb. 4.

I. Quellen:

Archiv für Eisenbahnwesen (Berlin),

Jahrbuch amerikanischer Eisenbahnen (Berlin), 3. Jahrgang 1912,

The Economist (London).

II. Bücher und Artikel:

Daggott: Railroad Reorganisation (New York 1908),

Vrooman: American Railway Problems (London 1910),

v. d. Leyen: Die nordamerikanischen Eisenbahnen (Leipzig 1885),

Derselbe: Die Finanz- und Verkehrspolitik der nordamerikanischen Eisenbahnen (Berlin 1895),

Derselbe: Eisenbahnpolitik der Vereinigten Staaten (H. W. B. der St. W. Bd. III S. 880),

Hoff und Schwabach: Nordamerikanische Eisenbahnen (Berlin 1906),

Hearings before the Senate Committee on Interstate Commerce (1905 Washington) 6 Bde.,

Publications of the American Economic Association Jahrgänge 1902 und 1910,

Kürzere Artikel im Archiv für Eisenbahnwesen und in der Zeitung des Vereins Deutscher Eisenbahnverwaltungen.

Commercial valuation of Railway Operating Property. Census Bulletin 21; Washington 1904.

Lebenslauf.

Ich, William Hayden Edwards, bin als Sohn des verstorbenen Generalkonsuls der Vereinigten Staaten von Nordamerika in Berlin, William Hayden Edwards, am 5. August 1890 in Potsdam geboren. Ich bin Staatsangehöriger der Vereinigten Staaten von Nordamerika und nach evangelischem Ritus getauft. Indessen bekenne ich mich nicht zu einer deutschen kirchlichen Gemeinschaft. Wegen fortdauernder Kränklichkeit seit meinen ersten Lebensjahren konnte ich keine Schule besuchen und wurde daher durch Privatunterricht auf das Abiturientenexamen vorbereitet, das ich Michaelis 1909 an der Göttinger Oberrealschule als Extraneer bestand. Von Ostern 1908 bis Michaelis 1911 studierte ich in Göttingen zuerst Chemie, dann Statistik und Staatswissenschaft. Von Michaelis 1911 bis Ostern 1912 studierte ich in Berlin Statistik und Staatswissenschaft und bezog Ostern 1912 wieder die Universität Göttingen, wo ich bis zum Abschluß meiner Studien verblieb.

Ich besuchte die Vorlesungen und Übungen der folgenden Herren Professoren und Dozenten in Göttingen: Cohn, Lexis, Sielisch, Wallach, Weißenfels; in Berlin: von Bortkiewicz, Schmoller, Wagner. Allen Herren bin ich zum steten Dank verpflichtet.